Umbruch der Religion

Von der abrahamitischen Religion zu Judentum, Christentum, Islam

Von Jochen Rabast

Books on Demand GmbH

Herstellung und Verlag:
Books on Demand GmbH
D-22848 Norderstedt
3. erneuerte Auflage 2015
ISBN 978-3-8391-3682-9

Inhaltsverzeichnis

Der Islam

Sonstiges

Seit wann gibt es Religionen?

Der Glaube an überirdische Mächte ist so alt wie die Menschheit selbst. Diese Form von Religion, Götterglaube im Allgemeinen, sowie Religionen aus dem afrikanischen und dem asiatischen Raum sind nicht Gegenstand dieses Buches. In der vorliegenden Darstellung geht es um die monotheistischen Religionen, die sich als Nachfolger der abrahamitischen Religion entwickelt haben: Christentum,Judentum,Islam.

Das Buch beschreibt die Geschichte des Monotheismus. Diese beginnt im fünften vorchristlichen Jahrhundert.

Seit wann gibt es den Glauben an einen Gott?

Er beginnt mit Abraham, einem Nomaden aus Ur in Babylon (im heutigen Irak).

Die Tora berichtet, dass diesem Abraham in Harran (im Norden von Mesopotamien) Gott erschienen ist, der ihn auffordert, seine Heimat zu verlassen und in das Land Kanaan zu ziehen. Ihm wird versprochen, dass seine Nachkommen ein großes und mächtiges Volk bilden werden. Im Gegenzug darf Abraham nur diesen einen Gott anbeten und keine anderen Götter anerkennen. Der Pakt (die Bibel nennt es 'Bund') ist geschlossen.

Abraham

Abraham handelt nach Gottes Anweisung und reist vom Zweistromland nach Palästina. Unglücklicher Weise herrscht dort gerade Hungersnot. So wandert er mit seiner Familie weiter bis Ägypten.

Derartige wandernde Aramäer, die mit ihrer Familie und ihrer Herde auf der Suche nach Weideplätzen unterwegs waren, gab es unzählige. Doch der biblische Abraham gilt als von Gott auserwählt. Ihm ist das Land für das spätere Volk Gottes versprochen.

Es fällt in diesem Bericht auf, dass das Alte Testament keine Angaben macht, welcher Zeit dieser Abraham zuzuordnen ist. Es fehlt die übliche Zeitangabe für Lebensdaten, wie etwa 'es geschah im Jahr x unter der Regierung des Königs y im Land z'. Das Fehlen zeitlicher Zuordnung charakterisiert Abraham als eine Symbolfigur und nicht als historische Person.

Ehefrau Sara schläft mit dem Pharao

Abrahams Frau hieß Sara. Sie machte sich keine Sorgen in der Fremde zu leben. Sie vertraute ihrer Weiblichkeit. Bisher hatte noch kein Mann ihrer Anziehungskraft widerstehen können, wenn sie es nur wollte. Das wusste sie nun einzusetzen. Kontakte zum Königshof wurden geknüpft. Alles ging ganz schnell. Aus Angst um sein Leben hatte Abraham seine Ehefrau Sara als seine Schwester ausgegeben. Sara wusste den Schleier zu handhaben wie keine Andere, so dass er mehr zeigte, als er verhüllte. In den Grundregeln der Kosmetik kannte sie sich aus. Der Tanz war ihre Leidenschaft. Sie hatte auf Anhieb Erfolg beim Pharao, dem mächtigen Herrscher Ägyptens. Hinter ihr schlossen sich die Türen der Verschwiegenheit. Sexuelle Details wurden damals noch nicht in Worten oder Bildern ausgebreitet. 'You tube' und Co. waren noch nicht erfunden. Die Effektivität des Geschehens konnte man am materiellen Lohn ablesen.
Und Sara war sehr erfolgreich!

Als königliche Gegenleistung verließ Sara die pharaonische Residenz mit ganzen Herden von Schafen, Ziegen, Rindern und Kamelen samt zugehörigen Hirten. Und für den Ehemann Abraham kam noch eine ägyptische Sklavin hinzu. Er konnte damals noch nicht ahnen, wozu die eines Tages noch wichtig werden wird. Das ägyptische Abenteuer war ein wirtschaftlicher Erfolg.
Mit Prostitution in ein neues Leben!

Gesättigt und zufrieden konnten beide aus Ägypten fortziehen. Abraham kehrte in das Heilige Land zurück. Über Nacht war er ein reicher Mann geworden – dank Sara. Das Geld reichte sogar, in Kanaan etwas Grundbesitz zu erwerben.

Das war knapp

Das Leben ging dahin. Abraham war alt geworden, und mit Nachkommen hatte es nicht geklappt. Wo sollen die zahlreichen Nachfahren herkommen, die Gott versprochen hatte? Sara wusste Rat. Sie stimmte zu, dass ihr Mann mit seiner ägyptischen Magd Hagar schläft. Und das war erfolgreich. Hagar bringt einen

Sohn zur Welt. Sie nennen ihn Ismael. Im Islam gilt dieser Sohn Ihrahims/Abrahams als Urahn aller Moslems.

Doch auch für Abrahams Frau Sara sollte sich das Blatt noch wenden. Eines Tages sind Fremde im Haus zu Besuch. Abraham erkennt, dass es Gott selbst ist. Die Bibel gebraucht dafür das Wort 'Engel'. Obwohl Sara zu diesem Zeitpunkt schon 90 Jahre alt ist, wird sie schwanger. Nun bringt auch sie einen Sohn zur Welt und nennt ihn Isaak. Ohne diese Wendung wäre es wohl mit der angekündigten großen Nachkommenschaft nichts geworden.

Die Bibel erzählt das Werden des abrahamitischen Gottesvolkes als eine genealogische Abfolge, eine Familiengeschichte. Isaak bekommt einen Sohn, Jakob. Dieser Enkel Abrahams ringt eines Nachts mit Gott/Engel. Jakob bleibt standhaft und gibt nicht auf. Dafür bekommt er einen neuen Namen: Israel. Dieser schafft es dann in der vierten Generation zu zwölf Söhnen. Aus diesen entwickeln sich die 12 Stämme des Volkes Israel.

Die Heiratspolitik
Der Urahn des Gottesvolkes, Abraham, sucht für seinen Sohn Isaak eine Frau. Er beauftragt mit der Brautschau seinen Verwalter, und nimmt ihm den heiligen Schwur ab: Versprich mir beim Herrn, dem Gott des Himmels und der Erde, dass du für meinen Sohn Isaak keine Frau auswählst, die hier aus dem Land Kanaan stammt. Gib mir dein Wort, dass du in meine Heimat gehst und ihm eine Frau aus meiner Verwandtschaft suchst. Der Brautwerber zieht nach Mesopotamien und findet Rebecca, die auch bereit ist, mit ihm nach Palästina zu ziehen. In der nächsten Generation wiederholt sich die gleiche Brautschau in Mesopotamien. Isaaks Sohn Jakob holt sich seine Frau aus Mesopotamien, genauer gesagt deren zwei. Durch einen Trick in der Hochzeitsnacht wird ihm eine andere Ehefrau angedreht. Die Bibel berichtet: Laban hatte zwei Töchter, die ältere hieß Lea, die jüngere Rahel. Lea hatte glanzlose Augen, Rahel aber war ausnehmend schön. Jakob liebte Rahel und so sagte er: Gib mir Rahel, deine jüngere Tochter, zur Frau. Ich will dafür sieben Jahre bei dir arbeiten. Nach Ablauf der sieben Arbeitsjahre wendet der Schwiegervater

einen Trick an. In der Hochzeitsnacht legt er die ältere Tochter Lea ins Ehebett, und Jakob vollzieht mit ihr die Ehe.

Der Schwindel fliegt auf und hat zur Folge, das der willige Jakob noch einmal sieben Jahre für die andere Tochter bei seinem Schwiegervater arbeitet. Schlafen darf Jakob nun mit beiden Frauen und auch deren Mägden. Offenbar Zufriedenheit überall. Der Vater hat beide Töchter verheiratet, und die Jugend ist auf ihre Weise glücklich. In den darauf folgenden Jahren erblicken insgesamt zwölf Söhne von den vier Frauen das Licht der Welt. Das geschah in Mesopotamien, nicht etwa in Kanaan. Die Urväter der sogenannten zwölf Stämme Israels sind von Geburt Babylonier!

Die geografische Abhängigkeit der Familie Abrahams von Mesopotamien fällt auf. Was drückt sich in der erzählten Heiratspolitik aus? Hier schimmert der historische Kern für die Erzählungen durch: Die Menschen, die das Land Palästina nach und nach besetzen, kommen aus Mesopotamien. Doch es sind nicht irgendwelche Fremden, sondern die Nachfahren der einst im Jahre 587 v.Chr. aus Jerusalem Deportierten.

Aus Palästina nach Babylon

Das Volk Gottes, von dem die Bibel erzählt, hatte im Land Kanaan in zwei Staaten gelebt. Israel hieß der Nordstaat, Juda der Südstaat. Beide Reiche fanden ein kriegerisches Ende. **Israel** mit seiner Hauptstadt Samaria wurde im Jahr 721 v.Chr. durch die Assyrer vernichtet. Einem Teil der Bevölkerung gelang es, nach dem Süden in den Staat Juda zu fliehen. Eine erhebliche Anzahl der Einwohner Israels wurde von den Siegern verschleppt und im assyrischen Staatsgebiet angesiedelt. Die Deportierten gingen im Völkergemisch Assyriens auf.

Der babylonische König Nebukadnezar hat den Staat **Juda** mit seiner Hauptstadt Jerusalem im Jahr 597 v.Chr. erobert, weil dieser mit der feindlichen Großmacht Ägypten paktierte.In einer ersten Strafaktion wurde ein Teil der Bevölkerung nach Mesopotamien deportiert. Diese Maßnahme erwies sich als nicht ausreichend. Die Armee der Babylonier zog **587 v.Chr.** ein zweites Mal gegen Jerusalem. Die Stadt wurde nun verwüstet und der Staat Juda vernichtet. Die herrschende Oberschicht und

ein Großteil der Bevölkerung wurden in die Gefangenschaft nach Babylon abtransportiert.
Die Bibel macht unterschiedliche Angaben über die Zahl der Deportierten. Nach Jeremia 52,28 sind es 4.600 Judäer. Laut 2.Könige 24,12 sind es 10.000 Deportierte. Zu den genannten Zahlen kommen jeweils die Familienangehörigen hinzu; denn gezählt wurden nur die 'Familienoberhäupter'.

Produkt des Exils: Eine neue Religion

Die Deportierten müssen sich in die Gegebenheiten eines Lebens im fremden Land fügen. Mehr noch: Die Judäer übernehmen den hohen Kulturstand Babyloniens. Im Laufe der Zeit entsteht eine eigene Bildungselite. Aus den Nachfahren von einst verschleppten judäischen Kriegsgefangenen ist in Mesopotamien eine neue Generation hervorgegangen. Diese entwickelt im babylonischen Völkergemisch eine neue Religion. Es gilt strenger Monotheismus. Das 'Seherische' (Kriterium von Religion) ist die Vision, einen Gottesstaat zu gründen. Der Ort soll Jerusalem sein, das Land aus dem die Vorfahren verschleppt wurden.

Die Religion wird niedergeschrieben

Die 'Erzählungen der Großmutter' werden für die neue Religion verarbeitet. Es wird aufgeschrieben. Die späteren biblischen Schriften sind eine Synthese zwischen den religiösen Traditionen in Babylon und dem Gottesbild der Judäer. So wird eine Literatur hervorgebracht, die eine Mischung aus Althergebrachtem und der babylonischen Weltanschauung, vorwiegend der Religion des Zarathustra, darstellt. Das Geschriebene wird später zu den Schriften Tanach/=Altes Testament zusammengefasst.
Das babylonische Exil ist in literarischer Hinsicht eine sehr produktive Zeit. Hier wird von den gebildeten Judäern die hebräische Quadratschrift entwickelt. Sie stammt aus der Zeit des Exils und wird zur Schriftsprache für die gottesdienstlichen Lesungen.
Im Unterschied zu dieser kultischen Schriftsprache blieb das Aramäisch die Umgangssprache der Judäer.

Ein Beispiel der literarischen Leistung:
Neuinterpretation

Babylon war nicht nur ein Vielvölkerstaat, sondern es gab ebenso viele Religionen. Eine davon hatte es den verschleppten Judäern besonders angetan. Es war der Monotheismus des Zarathustra. Ahura Mazda ragt unter den Göttern Babylons neben dem Stadtgott Marduk heraus. Die Religion des Zarathustra wurde später zur Staatsreligion des ganzen Persischen Reiches. Der persische Großkönig Darius I. (522 – 486 v.Chr.) war ein Anhänger und Förderer der Zarathustra-Religion. Darius sah sich selbst als König von Ahura Mazdas Gnaden an. Der einzige Gott, Ahura Mazda hat die Welt erschaffen Der zoroastrische Schöpfungsmythos lautet: [1]

Ich frage dich, Ahura Mazda, gib mir die wahre Antwort!
Wer bestimmt den Weg von Sonne und Sternen,
durch web nimmt der Mond zu und ab?
Wer hält die Erde unten, das Himmelsgewölbe oben?
Wer erschuf die Gewässer, wer erschuf die Pflanzen?
Wer erschuf das Licht und das Dunkel,Morgen,Mittag,Nacht?
Warst du es, Ahura Mazda?
Du kennst alles, du Schöpfer der Dinge.
Dein heiliger Geist hat alles erschaffen. Und so ist es geworden.
Du gabst der Seele den Körper des Menschen.
Du bist der wirkliche Schöpfer.

Die zoroastrische Frageform, die einräumt, es hätte auch anders gewesen sein können, ist in der späteren alttestamentlichen Form nicht mehr zu finden. Die vorgefundene Form lädt ein, die gestellten Fragen zu beantworten und den Namen des eigenen Gottes 'Jahwe' einzusetzen. Das Ergebnis kann man auf der ersten Seite der Bibel nachlesen (die Erschaffung der Welt).

Man darf sich das babylonische Exil nicht als straff organisiertes Gefangenenlager vorstellen. Die Judäer haben Zugang zu öffentlichem Leben und Bildung. Aus einst verschleppten Kriegsgefangenen ist in Mesopotamien eine Bildungselite hervorgegangen.

---

[1] Yasna 44

Literarische Blütezeit

Die Bildungselite der Judäer ist in der Lage, die Erzählungen ihrer Vorfahren aufzuschreiben. In Babylon selbst und in der Zeit nach der Rückkehr wird eine literarische Geschichte komponiert, die so nicht stattgefunden hat. Sie erweckt den Anschein, dieser Glaube an den einzigen Gott, bestehe seit dem Beginn der Welt. Es fließen Anteile aus dem kulturellen Schmelztiegel Babylonien ein. Der Turmbau in Babylon, die zoroastrische Vorstellung von Teufel und Engeln, die große Flutkatastrophe ('Sintflut'), eine Geschichte über die Entstehung der Welt sind die bekanntesten Geschichten. Bücher werden geschrieben, die später als die Büchersammlung Tanach/Altes Testament zum heiligen Buch werden. Es handelt sich um eine Zeit gewaltigen literarischen Schaffens.

Wie ist die neue Religion zu bezeichnen?

Es ist ein seltsames religionsgeschichtliches Phänomen, dass dieser in Babylon entstandene Monotheismus keinen terminus technicus, keinen historischen Fachausdruck hat. Wie erklärt sich das? Und welcher Ausdruck bietet sich als treffend an?

- **Frühes Judentum**. Das würde verkennen, dass das Christentum diese Zeit ebenfalls als seine frühe Geschichte beansprucht. Zudem kann man erst seit der Synagoge und dem rabbinischen Judentum nach dem Jahr 70 von der jüdischen Religion sprechen.

- **Religion Jehudas**. Im persischen Großreich und der Zeit danach danach war 'Jehuda' die Bezeichnung für die Provinz um Jerusalem.

- **Religion Abrahams** geht zum einen nicht, weil sich der Islam als die 'Religion Abrahams' bezeichnet. Zudem ist Abraham nicht der Stifter einer Religion gewesen. Die abrahamitische Religion ist von Menschen begründet worden, die weitgehend anonym geblieben sind.

- Von den biblischen Persönlichkeiten wie Ezechiel, Esra, Nehemia wissen wir, dass sie maßgeblich beteiligt waren. Außer ihnen hat es sich um führende Männer des Priesterstandes gehandelt.
- **Religion Judas** differenziert nicht zwischen der Zeit der Vielgötterei bis 597 v.Chr. und dem strengen Monotheismus nach 525 v.Chr.
- **Religion Israels** ist mehrdeutig. Zum einen ist das eine Bezeichnung für den mythischen Verbund von zwölf Stämmen, den die Bibel als das 'Volk Israel' bezeichnet. Doch auch der Nordstaat (neben dem Staat Juda im Süden) trägt in der Bibel den Namen Israel.

- Seit es ab 1948 wieder einen Staat Israel gibt, wäre eine Bezeichnung 'Religion Israels' sehr unpräzise.

Das spätere Judentum wie auch das Christentum betrachten die Zeit des Monotheismus als ihre Frühgeschichte. So erklärt es sich, dass für diese Zeit kein eigenständiger Begriff für den Ein-Gott-Glauben entstanden ist.

Es erscheint am sinnvollsten, den Namen Abrahams in der Charakterisierung dieser Religion terminologisch beizubehalten.

Die politische Wende in Babylon

Im Jahr 538 v.Chr. hat der Perserkönig Kyros Babylon erobert. Damit beginnt ein neues Kapitel in der Geschichte des alten Orients. Kyros toleriert die Eigenheiten der verschiedenen Völker und Religionen in seinem Weltreich. Diese neue Freiheit eröffnet den einst deportierten Judäern, in die Heimat ihrer Vorfahren zurückzukehren.
Erste Heimkehrer nutzen die Gelegenheit, in das Land ihrer Vorfahren zu reisen. Der Neuanfang in der zerstörten Stadt Jerusalem war mühsam. Die neue Generation kannte ja das Land gar nicht, von dem ihr erzählt worden war. Die Alten hatten ihre frühere Heimat gewiss geschönt und glorifiziert.

Von Babylon nach Jerusalem (ab 520 v.Chr.)

Es konnten genügend Leute zur Rückkehr bewegt werden. Die Umsiedlung hat sich über einen längeren Zeitraum hingezogen. Die Rückkehrer aus Mesopotamien kamen religiös aufgeheizt nach Jerusalem.Sie hatten sich die 'Jahwe-allein-Bewegung' auf die Fahnen geschrieben. Der Glaube an nur einen Gott war ihr oberster Grundsatz.

Unter den Nachfahren der Judäer wird in Babylon Werbung für die neue Religion gemacht: Kommt mit nach Jerusalem! Nur wer zum Exodus bereit ist, wird zu dem neuen Volk Gottes gehören. Der Glaube an Gott muss umgesetzt werden. Begeisterung für die Zukunft gehört zur abrahamitischen Religion. Ihre Leitfigur ist Abraham, der aus Mesopotamien wegziehende Gottesmann.
Das Ziel der Auswanderer ist das von Gott zugesagte Land in Palästina. Hier gründen sie ein Gemeinwesen in dem allein das Gebot des einen Gottes gilt. Dieses Sozialsystem ist nicht anders denn als Gottesstaat zu charakterisieren. Das Machtzentrum ist der Tempel in Jerusalem.
Zu einer Proklamation des priesterlichen Gottesstaates in Jehuda/Jerusalem kam es erst unter Nehemia im Jahr 445 v.Chr. Die Realisierung des Gottesstaates hatte ein Jahrhundert Zeit zu seiner Entfaltung.

Die Erzählungen stehen im Alten Testament

Das Alte Testament ist eine Mischung aus Dichtung und Realität. Frühere Erzählungen werden für die Religion vereinnahmt. Es handelt sich um eine Umformung, die später der abrahamitischen Religion selbst widerfahren wird, wenn ihre Nachfolger etwas Neues daraus machen.
Religion im Umbruch ist kein einmaliger Vorgang.
Erzählungen aus der Zeit vor dem babylonischen Exil (587 v.Chr.) sind mythologisch verformt. Verständnis für Geschichte in unserem heutigen Sinn musste die Menschheit erst noch entwickeln.
Erinnerungen an die Vergangenheit sind als Gottesgeschichte, als Mythos, verfasst. Und verfasst wurde zu diesem Zeitpunkt

Wesentliches: Die Schriften, die später als heilig erklärt werden. 'Tanach' nennt sie das Judentum, 'Altes Testament' das Christentum.

Die frühen biblischen Erzählungen können sachgerecht nur vom Zeitpunkt der abrahamitischen Religion aus verstanden werden. Die Bibel ist eben ein Geschichtenbuch und kein Geschichtsbuch. Heilig bedeutet nicht, dass das Erzählte reale Vergangenheit war. Das Alte Testament ist anders zu sehen, als es bisher der Religionsunterricht vermittelt hat.

Der Verlauf der Geschichte, den ein Historiker erforscht, ist ein anderer, als der, den der biblische Mythos erzählt. Der Verlauf der Geschichte vor der Zeit des Exils ist in Wirklichkeit anders gewesen, als er in der Bibel berichtet wird.

Diese beiden verschiedenen Geschichtsbilder verhalten sich wie Dichtung und Realität von ein und der selben Sache.

Zwei Geschichtsbilder

Die Bibel selbst und mit ihr die Theologie früherer Jahrhunderte hat die Eroberung des heiligen Landes anders dargestellt. Sie hat die literarische Darstellung der Verfasser der Mosebücher als geschichtlichen Hergang gewertet: Ein heimatloses Volk der Hebräer zog von Ägypten durch den Sinai nach Palästina. Mit der Eroberung der Grenzstadt Jericho begann die Besetzung des von Gott zugewiesen Landes. Das ist die poetisch-literarische Sicht, auch 'Heilsgeschichte' genannt. Sie beginnt mit Adam und Eva. Historisch gesehen jedoch beginnt die monotheistische Religion erst mit der Symbolfigur Abraham.

Diese literarische Ausformung entspricht nicht der historischen Entwicklung. In dichterischer Freiheit wird eine Vor- und Frühgeschichte als Gottes Wirken interpretiert. Es ist die Gründungslegende für den Gottesstaat der abrahamitischen Religion im 4.Jahrhundert v.Chr.

Und auch der heutige Staat Israel hat bei seiner Gründung im Jahr 1948 diese legendenhafte Vorgeschichte für seine staatliche Legitimierung übernommen.

Kennzeichen der abrahamitischen Religion
(Zeitraum: nach 587 v.Chr. bis 70 n.Chr.)

Eine Religion schwebt nicht im zeitlosen Raum, sondern hat eine Zeit der Entstehung. Sie hat ein Ziel und eine Verheißung, womit sie Menschen zu ihren Anhängern macht. Die Religion hat eine Einbindung in den Alltag und das tägliche Leben. Die abrahamitische Religion beginnt nach der Zerstörung Jerusalems durch Nebukadnezar im Jahr 587 v.Chr. Sie endet mit der Zerstörung Jerusalems durch die Römer 70.n.Chr. Die abrahamitische Religion stammt aus Babylon.

Die drei großen monotheistischen Religionen werden als Nachfolger der abrahamitischen Religion bezeichnet. Die Religionen ihrerseits betrachten ihren Vorgänger sehr unterschiedlich. Sie waren immer uneins, wer das Erbe am besten bewahrt. Vom Judentum wird die abrahamitische Religion als Frühzeit ihrer Geschichte betrachtet. Für das Christentum erfüllt sich das Alte Testament in Jesus Christus. Damit sprechen beide Interpretationen der abrahamitischen Religion ihre Eigenständigkeit ab.

Die Geschichte der abrahamitischen Religion
beginnt erst im Exil nach 587 v.Chr.

Der Zugang zur abrahamitischen Religion eröffnet sich nicht durch ein Nachzeichnen der mythologischen Geschichte, wie sie als vermeintlicher Geschichtsablauf im Alten Testament dargestellt ist. Die Anordnung der biblischen Erzählungen erweckt den Eindruck, als würde hier eine kontinuierliche Geschichte dargestellt, die mit den ersten Menschen beginnt und bis zum Auftreten Jesu Christi reicht. Der Schein trügt. In diesem Ablauf erscheint die Zerstörung Jerusalems im Jahre 587 v.Chr. mit dem sich anschließenden sogenannten babylonischen Exil nur als ein fast beiläufiges Ereignis in der geschichtlichen Abfolge. In Wirklichkeit beginnt die Geschichte der abrahamitischen Religion überhaupt erst im Exil in Babylon. Von hier aus wird eine Vergangenheit mythologisch interpretiert.

Das hat Konsequenzen für das historische Verständnis der geschilderten Vorgeschichte. Moses mit seiner Wanderung eines Halbmillionenvolkes durch die Wüste ist ebenso ein Mythos wie die Sintflut. Nicht mit Adam und Eva, sondern mit Abraham hat diese Religion angefangen. Die Erzählung von einem gewaltigen Turmbau verweist dorthin, wo die abrahamitische Religion entstanden ist: Nach **Babylon**. Das war im 5. vorchristlichen Jahrhundert. Aus den Nachfahren von einst verschleppten judäischen Kriegsgefangenen ist in Mesopotamien eine Bildungselite hervorgegangen. Diese kristallisiert im babylonischen Völkergemisch mit ihrem religiösen Synkretismus eine neue Religion heraus. Das 'Seherische', das Nicht-Alltägliche, das Heilige, - Kriterium von Religion - ist die Vision, einen Gottesstaat zu gründen.

Diese neue abrahamitische Religion wurde schriftlich fixiert. Daher haben wir eine gute Kenntnis über diese frühe monotheistische Religion.

Eine Erscheinung Gottes

Mit der Vorstellung eines Besuchs Gottes in einem Raumschiff aktiviert Ezechiel die abrahamitische Religion. Er schreibt:

„An jenem Tag öffnete sich der Himmel und ich hatte eine Vision. Ich sah, wie der Sturm eine mächtige Wolke von Norden herantrieb; sie war von einem hellen Schein umgeben und Blitze zuckten aus ihr. Die Wolke brach auf und aus ihrem Inneren leuchtete ein helles Licht wie der Glanz von gleißendem Gold. In dem Licht sah ich vier Gestalten, die wie Menschen aussahen, doch hatte jede von ihnen vier Flügel. Sie hatten Menschenbeine mit Hufen wie Stiere und ihr ganzer Körper funkelte wie blankes Metall. Unter den Flügeln sah ich vier Menschenarme, je einen Arm unter einem Flügel. Mit zwei von ihren Flügeln bedeckten sie ihren Leib, die beiden anderen hatten sie ausgespannt und mit den Enden der ausgespannten Flügel berührten sie sich gegenseitig. Jede der geflügelten Gestalten hatte vier Gesichter: vorne das Gesicht eines Menschen, rechts das Gesicht eines Löwen, links das Gesicht eines Stiers und hinten das Gesicht eines Adlers. Sie konnten sich in alle vier Richtungen bewegen, ohne sich umzuwenden. Sie gingen, wohin der Geist Gottes sie trieb. Zwischen den geflügelten Gestalten war etwas, das wie ein Kohlenfeuer aussah, und etwas wie Fackeln zuckte zwischen den Gestalten hin und her. Das Feuer leuchtete hell und aus dem Feuer kamen Blitze. Die Gestalten liefen hin und her, dass es aussah wie Blitze. Als ich genauer hinsah, erblickte ich neben jeder der vier Gestalten ein Rad, das den Boden berührte. Alle Räder waren gleich groß und funkelten wie Edelsteine. In jedes Rad war ein zweites Rad im rechten Winkel eingefügt, sodass es nach allen vier Richtungen laufen konnte, ohne vorher gedreht zu werden. Die Räder waren riesengroß und ihre Felgen waren ringsum mit funkelnden Augen bedeckt - ein Furcht erregender Anblick. Wenn sich die geflügelten Gestalten fortbewegten, dann bewegten sich auch die Räder mit ihnen, und wenn sich die Gestalten von der Erde erhoben, hoben sich auch die Räder von der Erde. Ein Geist und ein Wille beherrschte alle vier. Wohin sie auch gingen, die Räder gingen mit, denn sie wurden von den Gestalten gelenkt. Ganz gleich, ob die geflügelten Gestalten sich bewegten oder stillstanden oder sich von der Erde erhoben - die Räder taten dasselbe. Über den Köpfen der vier Gestalten sah ich etwas wie eine feste Platte, von der ein Schrecken erregender Glanz ausging wie von einem Kristall. Sie ruhte auf den Köpfen der Gestalten. Unter der Platte hielten die Gestalten je zwei ihrer Flügel ausgespannt, mit deren Enden sie sich gegenseitig berührten; mit den beiden anderen Flügeln bedeckten sie ihren Leib. Ich hörte das Rauschen der Flügel: Es dröhnte wie die Brandung des Meeres, wie ein Heerlager, wie die Donnerstimme des allmächtigen Gottes. Wenn sie stillstanden und ihre Flügel sinken ließen, hörte es nicht auf zu dröhnen, denn auch über der Platte rauschte es laut. Auf der Platte aber stand etwas, das aussah wie ein Thron aus blauem Edelstein, und darauf war eine Gestalt zu erkennen, die einem Menschen glich. Oberhalb der Stelle, wo beim Menschen die Hüften sind, sah ich etwas, das wie helles Gold aussah, umgeben von Feuerflammen, und unterhalb etwas wie loderndes Feuer. Die ganze Gestalt war von einem Lichtkranz umgeben, der wie ein Regenbogen aussah, der nach dem Regen in den Wolken erscheint. So zeigte sich mir der Herr in seiner strahlenden Herrlichkeit. Als ich diese Erscheinung sah, stürzte ich zu Boden.

Darauf hörte ich jemanden reden, der zu mir sagte: "Du Mensch, steh auf! Ich habe dir etwas zu sagen." Da kam Geist in mich und stellte mich auf die Füße. Dann hörte ich ihn zu mir sagen: „Du Mensch, ich sende dich zu den Leuten von Israel." [2] Mit dieser Erscheinung des Höchsten zeichnet Ezechiel das Gottesbild für seine Landsleute. Er will damit bekräftigen, dass es Gott gibt. Wie gewaltig war doch Gottes Erscheinen!

Wenn Gott so spektakulär in die Welt der Menschen einreisen kann, dann ist jeder Zweifel an seiner Existenz ausgeräumt. Ob als Gefangene oder Freie, Gott erreicht die Judäer wo er will. So lautet die klare und aufmunternde Botschaft für die verschleppten Judäer.

Viel weiter darf sich Ezechiel mit seiner Schilderung nicht aus dem Fenster lehnen. Denn da gibt es noch das Gebot, sich kein Bild von Gott zu machen. War es zu diesem Zeitpunkt schon ausformuliert, oder wurde es erst später zur Abwehr blühender Gottesphantasien entwickelt? Ob älteren oder jüngeren Datums, sicher ist, dass es künftig Bestandteil der abrahamitischen Religion ist, kein Bild von Gott zu malen oder darzustellen.

Kein Zweifel an Gottes Existenz

Aufgrund der geschilderten Erscheinung Gottes erlangt Ezechiel eine herausragende Bedeutung. Im Fortgang der Geschichte wird erzählt, dass Gott ihm eine Buchrolle zum Verzehr reicht, 'süß wie Honig'. Nachdem er diese in sich aufgenommen hatte, war der Auserwählte Gottes eine Woche lang 'starr und regungslos'. Er hatte zu verdauen, was in ihm war. Auf solche Weise ausstaffiert, war Ezechiel ein bedeutender Mann Gottes. Er hatte das Wort des Höchsten in sich aufgenommen. Nun war auch göttlicher Qualität, was aus seinem Mund kam. Es ist unverkennbar, dass Ezechiel einer der maßgeblichen Männer bei der Ausgestaltung der abrahamitischen Religion war.

---

[2] Ezechiel/Hesekiel 1,1 bis 2,1

Die Zukunftsvision der abrahamitische Religion

Das Selbstverständnis der abrahamitischen Religion zielt von Anfang an auf ein Leben in einem Gottesstaat. Dieser soll und wurde in Jerusalem realisiert. Die Familiendynastie eines Abraham mit seinem Sohn Isaak und dem Enkel Jakob stammte aus Mesopotamien. Abraham wurde zum Vorreiter einer Landnahme nach dem Exil. In der Überlieferung wird die Symbolfigur des Abraham in sehr alte Zeit zurückdatiert. Patina hohen Alters soll Autorität vorgeben, Echtheit verbürgen. Es soll den Anschein haben, als reiche Gottes Versprechen für ein eigenes Land sehr weit zurück. Diese Legitimierung beansprucht die Religion Abrahams, wenn in noch nicht absehbarer Zukunft das Land Kanaan besiedelt werden soll.

Hier ist der historische Platz für die Symbolfigur Abrahams. Sein mythischer Platz wird in eine viel frühere Zeit verlegt. Abraham ist der Prototyp des Einwanderers. Seinem Vorbild zur Übersiedlung von Babylon nach Jerusalem sollen sich viele seiner Zeitgenossen anschließen. Ihr religiöser Lohn wird sein, zum Volk Gottes zu gehören. In der Realität ist nur ein Teil der Menschen nach Jerusalem übergesiedelt, deren Vorfahren einst von dort ins Exil verschleppt wurden. Das Leben in dem weltoffenen Land Mesopotamien muss für die Nachfahren in zweiter oder dritter Generation weit angenehmer gewesen sein, als ein Neuanfang in den Trümmern des zerstörten Jerusalems. Für die meisten war es ein fremdes, unbekanntes Land.

Das heilige Land

Ezechiel ist einer der führenden Köpfe der abrahamitischen Religion. Er selbst fühlt sich als der Sprecher Gottes. Andere „falsche Propheten", werden als Sprecher Gottes nicht mehr zugelassen. Die Ältesten Israels kommen zu ihm, um Rat einzuholen. Wie ein Statut der abrahamitischen Religion liest sich das Buch des Propheten Ezechiel.
Ezechiel fordert gemäß dem Willen Gottes die Besiedlung des Landes der Väter. „Die beiden Länder Israel und Juda gehören

jetzt mir, ich will sie in Besitz nehmen!"[3] Es ist das Land, das ich mit einem Eid versprochen habe, so spricht Gott durch Ezechiel. Wo auch immer derzeit die Judäer leben, „ich, der Herr, werde sie aus den Völkern, unter die sie zerstreut sind, sammeln und ihnen das Land Israel zum Besitz geben"[4] „Abraham war nur ein einzelner Mann, und Gott gab ihm dieses Land zum Besitz. Wir sind viele, also gehört es uns erst recht!" Der neue Staat soll später einem prächtigen Garten gleichen. „Ich mache das Land rings um meinen Tempel fruchtbar. Ich schicke Regen zur rechten Zeit, so dass die Bäume und Felder reichen Ertrag bringen... Ohne Angst und Sorgen werden die Menschen in ihrem Land wohnen"[5] Die Rückkehr der Verbannten nach Jerusalem ist das große Ziel.

Gott sagt: „Auf meinem heiligen Berg mitten im Land Israel werden alle Israeliten mir dienen." Umfangreich ist die Vision eines Ezechiel über die Ausmaße des in Jerusalem zu errichtenden Tempels. Der Text ist in der Beschreibung über die Größe und Anzahl der Räume, der Mauern und Tore trotz vieler Maßangaben nicht eindeutig zu interpretieren. Zur künftigen Innenausstattung des Tempels werden geschnitzte Figuren von Keruben gehören. Sie entsprechen den menschenähnlichen Figuren, die das Raumfahrzeug Gottes steuern.

Der gesamte Tempelbezirk soll von einer Mauer umgeben werden. Das Ausmaß von 250 m im Quadrat wird in dieser Vision angegeben. „Der gesamte Tempelbezirk auf dem Gipfel des Berges ist mir geweiht." Heiligkeit heißt, „von jetzt an darf nie mehr ein Fremder, der am Körper und im Herzen unbeschnitten ist, mein Heiligtum betreten."[6]

Die visionäre Städteplanung ist noch detaillierter. Die Priester dürfen „rings um mein Heiligtum ihre Häuser bauen." Darüber hinaus können Menschen aus ganz Israel in Jerusalem Grund erwerben, der erblich sein soll. Ein König jedoch darf keinen Palast in der Nähe des Tempels bauen. Hier zeichnet sich eine Ablehnung für ein Königtum im künftigen Staat ab.

---

[3] Ezechiel 35,10
[4] Ezechiel 11,17
[5] Ezechiel 34, 26-29
[6] Ezechiel 44,9

Die Visionen des Ezechiel machen ziemlich genaue Angaben über die geographische Ausdehnung des Gottesstaates. Ortsangaben für die Nordgrenze werden ebenso gemacht wie für die Südgrenze zu Ägypten. Die Ostgrenze folgt dem Jordan, die Küste des Mittelmeers begrenzt das Land im Westen. Dieses Land Gottes gehört uns!

Die Gesetze

Die abrahamitische Religion ist eine Gesetzesreligion und als solche Grundlage für den Staat. Die Symbolfigur eines Moses ist mit der Gesetzesgebung verbunden. Grundlage der Religion ist der Anspruch, dass die gültigen Gesetze nicht von Menschen gemacht sind, sondern von Gott gegeben sind.
Der Ausdruck „Offenbarung" soll die Herkunft schützen. Offenbarung meint die Echtheit göttlichen Ursprungs. Dieser Gesetzeskodex stammt vom Höchsten selbst und ist deshalb unantastbar. Inhaltlich deckt er das gesamte gesellschaftliche Leben ab. Die Öffentlichkeit ist religiös dominiert.
Das vom Individuum geforderte Verhalten, wie auch kultische Vorschriften und alle staatspolitischen Reglementierungen sind in den gesetzlichen Anweisungen der fünf Bücher Moses aufgezeichnet.

Die Bibelschreiber sind in Babylon zur Schule gegangen. Sie wussten um den Wert allgemein gültiger Gesetze. Noch differenzierter als das babylonische Gesetzeswerk des Hammurapi legt der Pentateuch den Handlungsspielraum für den Einzelnen fest. Gehorsam gegenüber diesem Gottesgebot ist das Charakteristikum dieser Gesetzesreligion.

Moses

Teil der mythischen Geschichte ist die Aushändigung der göttlichen Gebote und Verhaltensregeln, die mit der Person eines Moses verbunden sind.

Dieser steigt auf den Berg Sinai und bekommt er von Jahwe die Gesetze als Steintafeln ausgehändigt. Jahwe hatte diese zehn Gebote selbst geschrieben.[7] Die Gebote lauten:
1) ich bin der Herr dein Gott
2) fertige dir kein Gottesbild an
3) missbrauche nicht den Namen Jahwe
4) der Tag der Ruhe ist der siebente
5) ehre Vater und Mutter
6) morde nicht
7) zerstöre keine Ehe
8) beraube keinem seine Freiheit
9) sage nichts Unwahres
10) Diebstahl verboten
(2.Moses/Exodus 20, 1-17)
Die zehn Gebote sind nur der Kern einer Sammlung von Gesetzen. In die fortlaufende Erzählung wird ein umfangreiches Buch ('Bundesbuch') eingearbeitet. Es beinhaltet spezielle Vorschriften zu alltäglichen Verhaltensweisen. Auch das Feiern von Festen wird gesetzlich geregelt, z.B. das Erntefest.

Die Abfassung des Gesetzeskodex war ein Entwicklungsprozess, der die Stufen
mündliche Fassung
schriftliche Erstfassung
schriftliche Zweitfassung
durchlaufen hat. Solch einen Werdegang darf man als paradigmatisch für den religiösen Geburtsvorgang der abrahamitischen Religion ansehen. Die genannten Stufen finden sich in den verschiedenen Fassungen über die Aushändigung der zehn Gebote. In der ersten Fassung verkündet der Gott Jahwe zunächst zehn Gebote mündlich. Später, als Moses ein weiteres Mal auf den Berg steigt, bekommt er zwei Steintafeln mit den Geboten in Schriftform ausgehändigt.

Im Fortgang der Geschichte hat Moses diese göttlichen Tafeln zerschmettert. Anlass für seinen Wutausbruch war die Anfertigung eines Götzenbildes am Fuß des Berges.

---

[7] Gott hat die Steintafeln geschrieben: 2.Mose 32,16 2.Mose 31,18

In diesem Zusammenhang zeigt sich, welche fundamentale Bedeutung dem Monotheismus, der alleinigen Treue zu dem einzigen Gott, zukommt. Einen weiteren Gott anzubeten, und dazu noch ein Bild - gleich zwei Todsünden -, ist der äußerst denkbare Frevel.

Die Zerstörung war passiert. Nun mussten neue Tafeln her. Jahwe befiehlt Moses: „Hau dir zwei neue Tafeln zurecht, so wie die ersten. Ich werde darauf schreiben"[8] Moses steigt am nächsten Tag mit unbehauenen Steinplatten auf den Berg. Überraschender Weise muss nun Moses tätig werden. Er muss selbst schreiben, den Stein ritzen. Das dauert. Vierzig Tage lang hat er zu tun, die neuen zehn Gebote aufzuschreiben. Moses ist derjenige, der das Duplikat der Tafeln beschreibt. Der Wortlauf ist ein anderer als in der Erstfassung.

Das Duplikat der 10 Gebote

1) ihr dürft keinen andern Gott anbeten
2) ihr dürft euch keine Götterbilder machen
3) haltet das Fest der ungesäuerten Brote (Pessach)
4) jede Erstgeburt gehört mir
5) sechs Tage sollt ihr arbeiten und am siebenten Tag ruhen
6) das Fest nach der Weizenernte und der Weinlese sollt ihr feiern
7) ihr dürft zum Opferfleisch kein Sauerteigbrot essen
8) das Fleisch des Pesachopfers darf nicht über Nacht aufbewahrt werden
9) die ersten Früchte der Felder sollt ihr zum Tempel bringen
10) ihr dürft ein Zicklein nicht in der Milch seiner Mutter kochen
   (2.Moses/Exodus 34,14-28)

Das Buch Deuteronomium übernimmt den ersten Text,[9] nicht die von Moses gemeißelte Zweitfassung, die auch kultischer Dekalog genannt wird.

---

[8] 2.Mose/Exodus 34,1
[9] 5.Mose /Exodus 5, 6-21

Die Steintafeln

Wie steht es um den weiteren Verbleib der beiden Steintafeln? Der Überlieferung nach wurden die beiden Steintafeln als heiliges Bundesgesetz in einem Kasten aus Holz aufbewahrt, der sogenannten 'Lade'. „In der Lade waren nur die beiden Steintafeln, die Moses am Gottesberg Horeb hineingelegt hatte".[10] Ich will hier nicht den Theorien nachgehen, weshalb der Gottesberg einmal mit Sinai, ein andermal mit Horeb benannt ist.

Das heutige Judentum und die heutigen Kirchen haben unterschiedliche Fassungen der „Zehn Gebote", wobei nur die Anzahl der Gebote immer konstant die Zehnzahl ist.[13]

Die Abkehr vom Polytheismus

Oberster Grundsatz der abrahamitischen Religion ist der **Monotheismus**. Diesen gab es vor der Zeit des Exils noch nicht. Der religiöse Alltag im vorexilischen Kanaan war die religiöse Vielfalt. Der Gott Jahwe war nur einer unter anderen Gottheiten, die verehrt wurden. Es wurden Naturgottheiten auf den Berghöhen verehrt. Die Verehrung des kanaanäischen Fruchtbarkeitsgottes Baal war weit verbreitet. Auch dessen Gattin Aschera hatte ihre Anhänger. In Jerusalem gab es ein Heiligtum für den Götzen Moloch und einen Altar für Astarte. Die religiöse Vielfalt reichte selbst bis in den Jerusalemer Tempel hinein. Auch hier wurde neben Sternen als Gottheit der Gott Baal verehrt. Die Bibel berichtet im zweiten Königsbuch Kapitel 23 ausführlich über die religiöse Vielfalt in Jerusalem und im Land Juda.
Etwa im Jahr 620 v.Chr. hatte der König der Judäer, Joschija, versucht, die Vielgötterei abzuschaffen. Doch er wurde ermordet und wenige Jahrzehnte später ging das Reich Juda unter.
Es ist erst die spezifische abrahamitische Theologie, die Verehrung anderer Gottheiten als Sünde der Vorväter darzustellen.

---

[10] 1.Könige 8,9 sowie 2.Chronik 5,10

Den alttestamentlichen Monotheismus bezeichnet die jüngere Bibelwissenschaft als „Jahwe-allein-Bewegung". Diese ist im Kern religiöser Totalitarismus. Die abrahamitische Religion ist Staatsdoktrin. Sie beinhaltet die Forderung, einzig und allein an den Gott Jahwe zu glauben.

Verbot von Mischehen

Knallhart und kompromisslos setzt der Judäer Esra nach seiner Ankunft in Jerusalem im Jahr 458 v.Chr. den Glauben an den alleinigen Gott in die Tat um. Die Ehen mit den fremden Frauen (es wird unterstellt, dass sie andere Götter verehren) sind sofort aufzulösen! Eine Ehe mit einem Partner, der einer anderen Religion angehört, kommt nicht in Frage. Es könnte die Einmaligkeit des Gottes Jahwe untergraben. Das Staatsgesetz steht unter der Überschrift „Ich bin der Herr dein Gott, du sollst nicht andere Götter neben mir haben". Die Mischehen reichen bis in die obersten Schichten: „Volk, Priester und Leviten haben sich nicht ferngehalten von den Bewohnern des Landes, die Götzen verehren". Unerbittlich vollzieht Esra eine Trennung dieser Mischehen.[11]

Das ist neu: Es gibt nur einen Gott!

Der Monotheismus wird als Mythos weit in die Vergangenheit projiziert. In der Frühzeit des Menschengeschlechts hat Gott schon einmal alle Menschen getötet, die sich nicht an seine Gebote hielten. Die Sündenflut (Sintflut) hat sie einfach hinweg geschwemmt. Gott stehen alle Möglichkeiten offen, Abtrünnige auf irgendeine Art zu vernichten. Auf die Einwohner von Sodom und Gomorrha regnete es Feuer vom Himmel. Es verbrannte die gottlosen Menschen und ihre Städte. Der Mythos droht mit Vernichtung für jede andere Gottesanbetung.

Der Name des einzigen Gottes

Gott hat einen Namen, Jahwe. Er ist in gewaltiger Weise einem Ezechiel erschienen. Er hat sein Raumfahrzeug gleichermaßen nach Babylon wie nach Jerusalem gelenkt. Ihr Heiligtum liegt in Jerusalem, so der abrahamitische Glaube. Der Gottesstaat wird in der persischen Provinz Jehuda (Jerusalem) errichtet.

---

[11] Esra 10,10

Bereits in der vorexilischen Zeit gab es den Gottesnamen Jahwe. Er ist sehr alt. „Alle Wahrscheinlichkeit spricht dafür, dass der Gottesname Jahwe aus dem vor-israelitischen Kult vom Sinai stammt als Name der Gottheit, die am Sinai verehrt wurde."[12]

Die Gründe für die Übernahme gerade dieses Namens konnten bisher religionsgeschichtlich nicht geklärt werden. Den bisher ältesten archäologischen Beleg für den Namen Jahwe hat man auf der sogenannte Mescha-Stele gefunden. Sie wurde östlich des Toten Meeres im Gebiet der Moabiter gefunden. Man datiert sie in die Zeit etwa 850 v.Chr.

Vier Buchstaben (Tetragramm) markieren den Gottesnamen JHWH. Aus Gründen besonderer Heiligkeit war es verboten, diesen Namen auszusprechen. Beim Verlesen eines biblischen Textes sagte man einfach „Name" (auf hebräisch „Haschem"). Erst in jüdischer Zeit gebrauchte man die Anrede „mein Herr", um den Gottesnamen aussprechen zu können.
Der alte hebräische Text bestand nur aus Konsonanten. Die Vokale mussten für den Schriftkundigen dazu gelernt werden. Als die Aussprache hebräischer Texte in Vergessenheit zu geraten drohte, hat man die Vokale durch ein System von Punkten nachträglich ergänzt. Man setzte zu dem Tetragramm JHWH die Vokalpunkte für 'mein Herr', um eine Aussprache zu markieren .
Das führte zu dem Missverständnis, als heiße Israels Gott 'JeHoWa', latinisiert 'JEHOVA' Das ist ein Wort, das es nie gegeben hat.
Die abrahamitische Theologie macht aus diesem Gott, der früher einer unter anderen war, den einzigen und wahren Gott.

Das Volk Gottes

Ein weiteres Kennzeichen der abrahamitischen Religion ist der Anspruch, ein auserwähltes Volk unter den anderen Völkern zu sein. Das ist ein Konstrukt der abrahamitischen Theologie. Vor dem Exil gab es den Gedanken eines einheitlichen Volkes schon deshalb nicht, weil das spätere Gottesvolk in zwei Staaten lebte.

---

[12] Martin Noth, Geschichte Israels S.126

Das erklärt den besonderen Ruhm, der einem König David posthum angedichtet wurde. Er hat die beiden Staaten, Israel im Norden und Juda im Süden Palästinas, für einige Zeit unter einem Königtum vereint.

Die Behauptung, ein auserwähltes Volk zu sein, führt zwangsläufig zu einer Abwertung von Angehörigen anderer Völker. Infolge dessen werden die Nachbarn des Gottesstaates diffamiert. Die Bewohner des ehemaligen Staatsgebietes Israel, jetzt die Provinz Samaria nördlich von Jerusalem, trifft es als erste. Sie haben sich freiwillig gemeldet, um den Jerusalemer Tempel mit aufzubauen. Esra weist sie schroff zurück. Sie beten auf ihrem heiligen Berg Garizim den falschen Gott an. Mit den Samaritanern will das exklusive Gottesvolk nichts zu tun haben. Der abfällige Ruf gegenüber den Samaritanern findet sich noch zu Zeiten Jesu im Neuen Testament und später.
Wir sind das auserwählte Volk!

Übelste Diffamierung trifft die Nachbarn im Südosten, die Ammoniten und Moabiter. Sie sind Nachkommen aus Inzucht. Es wird berichtet: Abrahams Neffe Lot siedelte östlich des Toten Meeres. Nach dem Untergang der Städte Sodom und Gomorrha fehlte es an Männern in diesem Gebiet.
Lot hat zwei Töchter. Diese wollen nicht kinderlos bleiben. So machen sie ihren eigenen Vater betrunken und schlafen mit ihm. Erst die eine, nach Erfolg die andere. Beide bekommen einen Sohn. Die ältere Tochter gebar Moab. Daraus wurde später das Volk der Moabiter. Die jüngere Tochter gebar Ammi. Die Nachkommen sind das Volk der Ammoniten.

Einen Exklusivanspruch, ein auserwähltes Volk Gottes zu sein, werden alle späteren Religionsentwicklungen beibehalten.

Übernahmen aus der Religionswelt Mesopotamiens

Unter den religiösen Einflüssen ragt in Babylon neben Marduk der Glaube an Ahura Mazda heraus. Die Religion des Zarathustra wurde später Staatsreligion des ganzen Persischen Reiches. Der persische Großkönig Darius I. (522 – 486 v.Chr.) war Anhänger und Förderer der Zarathustra-Religion. Darius sah sich selbst als König von Ahura Mazdas Gnaden.

Man vergegenwärtige sich, dass der Judäer Nehemia ein Beamter von hohem Rang am persischen Königshof war. Es darf als sicher angenommen werden, dass die Jahwe-Anhänger in ihrem babylonischen Exil deutlichen Kontakt zu den Grundideen der religiösen Weltanschauung des Zarathustra hatten. Der Einfluss seiner Lehre zeigt sich an einer Übernahme der Engelsvorstellung.

Einige Beispiele erkennbarer mesopotamischer Einflüsse finden sich in:

➢ der abrahamitischen Neuinterpretation einer Vorstellung über die Entstehung der Welt

➢ der Interpretation der großen Flut aus der Gilgamesch-Überlieferung. Diese ist zweifellos eine Übernahme aus der Gedankenwelt Mesopotamiens. Im abrahamitischen Kontext wird sie als Neuanfang für das Volk Gottes gewertet. Und vor einem Neuanfang in Jerusalem steht die abrahamitische Religion.

➢ Dem Gottesmann Moses wird ein Prädikat aus der mesopotamischen Welt angeheftet. Mit dem Großkönig Sargon teil er das Schicksal des ausgesetzten Kindes, das am Königshof aufwächst. Das stellt den mythischen Volksführer auf die Stufe eines altorientalischen Gottkönigs.

➢ Die zoroastrische Vorstellung 'Engel' kommt, man kann sagen schwebt, in die abrahamitischen Religion hinein.[13]

Die literarische Überlieferung der abrahamitischen Religion

Die Bibel ist ein literarisches Werk. Die griechische Bezeichnung bedeutet einfach „Buch". Die Zusammenstellung von Altem und Neuem Testament als „Bibel" ist die Interpretation des Christentums. Das spezifisch Christliche soll als das „Neue Testament" hervorgehoben werden. Um eine Zeitenwende mit

---

[13] Den etymologischen Beweis hat der Orientalist, Judaist und Theologe Alexander Kohut in seinem Buch 'Über die jüdische Angelogie und Dämonologie in ihrer Abhängigkeit vom Parsismus' 1866 vorgelegt

Jesus Christus zu beginnen, wurde das Vorherige als das „Alte Testament" bezeichnet.

Die jüdische Religion kennt diesen Begriff nicht. Sie nennt das Alte Testament „Tanach". Neben den Propheten und Schriften bilden die fünf Bücher Moses, die sogenannte „Tora", den Hauptteil.[14]

Die Vorstufe für beide Religionen ist gleichermaßen die abrahamitische Religion.

Als Quellen für die abrahamitische Religion stehen uns die Schriften des Alten Testaments zur Verfügung. Archäologische Erkenntnisse können den zeitgeschichtliche Hintergrund und zeitlichen Ablauf erhellen. Sie sind unentbehrlich, will man das mythische Geschichtsbild, das die abrahamitische Religion im Kern darstellt, durchsichtig machen. Die abrahamitische Religion prägt als Gottesstaat eine religionsgeschichtliche Epoche im Land Jehuda, bevor sie einem kriegerischen Ende erliegt und in neuen Formen aufersteht. Die abrahamitische Religion ist die Ideologie des Gottesstaates, den Esra, Nehemia und die Jerusalemer Priesterschaft um das Jahr 450 v.Chr. in der persischen Provinz Jehuda (Jerusalem) in die Tat umgesetzt haben.

Bei der Qualität des biblischen Schriftmaterials ist immer daran zu denken, dass es vom altorientalischen Erzählstil geprägt ist. Man darf grundsätzlich eine mythische Einkleidung nicht am Maßstab eines historischen Berichtes messen. Mythisch Erzähltes und historisches Geschehen sind von der Struktur her grundverschieden.

Biblische Schriften gibt es erst nach 587 v.Chr.

Generell bleibt die alttestamentliche Wissenschaft den Beweis schuldig, dass es überhaupt Schriften aus dem 7.-9. vorchristlichen Jahrhundert gegeben hat. Ist es denn denkbar, dass Schriftstücke die Zerstörung Jerusalems im Jahres 587 v.Chr. überdauert haben können?

Angesichts dieser Katastrophe ist es unwahrscheinlich, dass irgendwelche Schriftdokumente die Brandschatzung der Stadt Jerusalem überdauert haben können.

---

[14] Das Wort Tanach ist zusammengesetzt aus Tora, Nevi'im, Ketuvim

Von welcher Art könnten denn etwaige, angenommene Schriftstücke gewesen sein?
Das Hebräische mit seinen quadratischen Buchstaben war für Tontafeln, die sonst im Alten Orient in Keilschrift beschrieben wurden, nicht geeignet. Beschriebene Tonscherben (Ostraka) wurden in Israel bisher nicht aufgefunden. Das Hebräisch der Bibel wurde auf Papyrusrollen geschrieben. Papyrus-streifen wurden übereinander geklebt und ergaben das Material, auf dem mit Tinte aus rußigem Olivenöl oder metallhaltigem Vitriol geschrieben wurde.
Überliefert ist, dass infolge der Zerstörung Jerusalems die heiligen Geräte des Jerusalemer Tempels zur Kriegsbeute der Siegermächte wurden. Von Schriftrollen ist bei der Plünderung nicht die Rede.

Wem gehört das Alte Testament?

In der unterschiedlichen Zuordnung und Betrachtung des Alten Testaments liegen die theologischen Kontroversen zwischen Judentum und Christentum bis heute. Die christliche Kirche übernimmt die Erzählungen des Alten Testaments und interpretiert das Alte vom Neuen Testament her.
Mit diesem Ansatz geht zugleich die Selbständigkeit der abrahamitischen Religion verloren. Die abrahamitische Theologie stellt eine eigene Religion dar, bevor Judentum und Christentum ihr Religionsverständnis darauf aufbauend entwickelt haben.

Der Mythos

Herausragendes Kennzeichen der abrahamitischen Religion ist ihr Geschichtsbild, ihre spezifische Theologie. Das Wort „Theologie" stammt von Plato. Es ist für den griechischen Philosophen mit „Mythologie" identisch. Der Mythos ist die Göttervorstellung, das aus der Vorzeit Überlieferte, das weder angetastet noch hinterfragt werden darf.

Der Mythos der abrahamitischen Theologie ist ein literarisch komponierter Geschichtsablauf.

Er reicht von der Erschaffung der Welt über die Auswahl eines Stammvaters bis zum Werden eines ganzen Volkes Gottes. Dieses Volk entstand trotz Fronarbeit in Ägypten. Von dort hat es Moses befreit und in das von Gott zugesagte Land Kanaan geführt. Die abrahamitische Theologie hat alte, vorexilische Erzählungen zu einem Geschichtsablauf komponiert mit der Aussage, der Glaube an Jahwe sei von jeher die einzig wahre Religion gewesen. Dieser Glaube gilt seit der Erschaffung der Menschheit. Das ist Mythos, aber nicht historisch.

Dieser mythologische Geschichtsablauf ist theologisch komponiert und entspricht nicht dem historisch fassbaren Geschichtsablauf, den die Geschichtswissenschaft erforscht.

Entmythologisierung - Entmythisierung

Weniger im Blick auf die Religionswissenschaft als vielmehr für die Predigt und Lehre der christlichen Kirche in der Gegenwart wirft der evangelische Theologe Rudolf Bultmann die Frage auf, inwieweit eine religiöse Aussage der Bibel von dem Mythos befreit werden kann, in den sie eingekleidet ist?
Er hat dafür den Begriff „Entmythologisierung" geprägt. Diese Theorie spielt seit der Mitte des 20. Jahrhunderts in der evangelischen Theologie eine bedeutsame Rolle. Rudolf Bultmann vertritt die Meinung, die Verkündigung des Neuen Testaments ist aus dem mythologischen Weltbild der biblischen Zeit herauszulösen. Nach Bultmann ist das erforderlich, weil das Neue Testament zu einer Zeit des mythologischen Weltbilds geschrieben wurde, das inzwischen von einem wissenschaftlichen Weltbild abgelöst ist. Um den christlichen Glauben nicht von einer überholten Gedankenwelt abhängig zu machen, müsse man die Verkündigung „entmythologisieren". Bultmanns Theorie fragt nach einem historischen Kern für die Person Jesus von Nazareth. Er kommt zu dem Schluss, dass die Ungereimtheiten und Widersprüche in der biblischen Berichterstattung über Jesus zweitrangig sind.

Christlicher Glaube entsteht erst als Osterglaube an den

Auferstandenen und ist somit eine Neuschöpfung.

Bultmann hat sein Konzept auf das Neue Testament orientiert. Für das Alte Testament hat er nicht die Forderung nach einer Entmythologisierung gestellt. Zu welchem Ergebnis würde sie führen?

Der Mythos des Alten Testament ist sein Geschichtsbild, eine nicht-historische Geschichte. Eine Entmythologisierung trennt sich von diesem (biblischen) Geschichtsbild insgesamt. Von „Entmythisierung" müssen wir sprechen, wenn nur einzelne Teile von ihrem mythischen Gewand gelöst werden. Mythologie meint die Gesamtheit aller mythischen Elemente. Der biblische Mythos hat zwar das Gewand von Geschichte, ist jedoch mit einer wissenschaftlich erforschbaren Geschichte nicht auf eine Stufe zu stellen. Die Geschichte des Mythos ist Dichtung. Im Unterschied dazu stellt die reale Geschichte den historischen Verlauf fest.

Geht es ohne Mythos?

Die Einzelheiten dieser Geschichte werden bei einer Entmythisierung dem Platz zugeordnet, den sie in der realen Geschichte haben. Man wird sagen können, dass eine Entmythisierung der abrahamitischen Religion dort beginnt, wo man für eine in der Bibel berichtete Geschichte nach dem Ursprung und dem Ort in der realen (historischen) Geschichte sucht. Solche Enttarnung des Mythos hat mit der historisch-kritischen Geschichtswissenschaft begonnen. Sie ist gepaart mit wissenschaftlicher Archäologie und wird auch in Zukunft zu neuen Erkenntnissen führen.

Beispiel Sintflut

Der Bericht über die große Flut in 1.Mose 6,5 – 9,17 ist ein Beispiel für mythische Erzählweise. Der Historiker muss die Frage stellen „Wann und wo hat sich das Ereignis zugetragen?" Er fragt nach der historischen Realität. Verheerende Flutkatastrophen und Überschwemmungen hat es zu allen Zeiten und an vielen Stellen auf unserem Globus gegeben.

Die Autoren Ryan und Pitmann haben in ihrem Buch[15] die Entstehung des Schwarzen Meeres untersucht. Vor 10.000 Jahren war dieses noch ein Süßwassersee. Den Sedimenten nach ist der See etwa um das Jahr 5.500 v.Chr. durch Eindringen von Salzwasser umgekippt. Nach der sogenannte „outflow-Hypothese" ist die Landverbindung zwischen Europa und Asien durchgebrochen. Das Mittelmeer ergoss sich in einer ungeheuren Flutkatastrophe in den vormaligen Binnensee.

Doch ist damit ein Rätsel der Bibel entschlüsselt? Ist es überhaupt berechtigt, dass die Autoren Williams Ryan und Walter Pitmann ihre Forschungsergebnisse mit dem biblischen Flutbericht in Verbindung bringen? Der Bibelbericht macht bewusst über Ort und Zeit keine Angaben. Er konzentriert sich auf das Warum? Und da fehlt es nicht an Eindeutigkeit. Weil die Menschen schlecht sind, müssen sie weg.
„Der Herr sah, dass die Menschen auf der Erde völlig verdorben waren. Alles, was aus ihrem Herzen kam, ihr ganzes Denken und Planen, war durch und durch böse. Das tat ihm weh, und er bereute, dass er sie erschaffen hatte.
Gottes Entschluss steht fest: *Ich will die Menschen wieder von der Erde ausrotten – und nicht nur die Menschen, sondern auch die Tiere auf der Erde, von den größten bis zu den kleinsten, und auch die Vögel in der Luft. Es wäre besser gewesen, wenn ich sie gar nicht erst erschaffen hätte."* [16]

---

[15] Pitmann/Ryan, Ein Rätsel wird entschlüsselt, 1999, ISBN3785708785
[16] 1. Buch Moses/ Genesis 6, 5-7

Welcher Gott rettete Noah?

Hinter der Erzählung von der großen Flut steckt eine bestimmte Absicht. Es soll der Anschein entstehen, als habe es den abrahamitischen Gott schon früher als den alleinigen gegeben. Noah hält zu Gott und überlebt. Die von Gott abtrünnigen Sünder hat die große Flut vernichtet. Als Vorlage dient die Gilgameschepos-Überlieferung aus Mesopotamien. Viele Einzelheiten tauchen in der Bibel wieder auf. Der biblische Erzähler hat die Geschichte von der großen Flut in Babylon gelernt. Er radiert den Namen des Gilgamesch aus und setzt den seines Gottesmannes Noah ein. Warum haben das die alten Judäer gemacht? Sie brauchten eine Story, um ihrem Glauben alte Patina zu verleihen. Die Geschichte wird literarisch in den Dienst der abrahamitischen Religion eingebunden. Sie interpretiert eine babylonische Erzählung als wäre sie eigene Geschichte. Dieses Geschichtsbild ist mythologisch.

Der glanzvolle Salomo

Ein weiteres Beispiel einer mythologischen Darstellung:
König Salomo lebt in legendärem Glanz und unermesslichem Reichtum. Vergoldete Waffen schmücken die große Halle seines Palastes. Zweihundert mit Gold überzogene Schilde hängen an den Wänden. Salomos Reichtum und seine prächtige Hofhaltung werden in der Bibel im ersten Königsbuch ab Kapitel 5, sowie in der Chronik im zweiten Buch ab Kapitel 9 beschrieben. Salomo verdiente in einem Jahr 666 Zentner Gold und übertraf „alle anderen Könige der Erde an Reichtum und Klugheit".
Obwohl es während seiner Regierungszeit keinen Krieg gab, leistete sich Salomo eine große Streitmacht, das Statussymbol aller großen Herrscher der Welt. Genannt werden 1.400 Streitwagen mit 4.000 Pferden und 12.000 Wagenkämpfer.
In der Umgebung von Symbolen der Gewalt darf der Sex nicht fehlen. Was wäre ein König ohne den Reichtum an Frauen? Die überschwängliche Liebe zu den Frauen drückt die Bibel in Zahlen aus: Salomo hatte 700 Ehefrauen und 300 Nebenfrauen. Wie wir weiter erfahren, liebte er besonders Ausländerfrauen. „König Salomo hatte außer einer ägyptischen Prinzessin noch viele

andere ausländische Frauen aus den Völkern der Moabiter, Ammoniten, Edomiter, Phönizier und Hethiter." Und dann gab es noch die Affäre mit der legendären Königin von Saba. Aus welchem Land mag diese Dame stammen, die mit großem Gefolge an den Hof nach Jerusalem gereist kam? Die Königin von Saba konnte sich überzeugen. Es war nicht übertrieben, was sie im fernen Land über Salomos Luxus gehört hatte. An Reichtum konnte sie mithalten. Sie schenkte ihm 85 Zentner Gold, viele Edelsteine und so kostbares Öl, wie es nie wieder nach Jerusalem gelangt war. Und Salomo seinerseits erfüllte der fremden Königin jeden Wunsch.

Warum dieser Lobpreis auf Salomo? Das Prächtigste, was Salomo geschaffen hatte, war ein Tempel in Jerusalem. Deshalb wird er bedeutsam für die legendäre Vorgeschichte.

Salomo baut einen Tempel für einen Gott, den es noch gar nicht gibt.

Einmal angenommen, die Königsdynastie David mit seinem Sohn Salomo hat es um das Jahr 1000 v.Chr. gegeben. Den angenommenen Einheitsgott Israels hat es um diese Zeit noch nicht gegeben! Der Monotheismus ist eine Entscheidung der abrahamitischen Religion erst aus dem 5.Jahrhundert. Ein historischer Salomo mag alle möglichen Götter Palästinas verehrt haben. Vielleicht hat er auch mehrfach mit dem Wechsel der Frau die Verehrung eines Gottes gewechselt. Und für irgendeinen der Götter, die im 10.Jahrhundert verehrt wurden, hat er in Jerusalem ein Heiligtum errichtet. Das war vielleicht sogar für längere Zeit in Benutzung.

Diese Story wird nun durch die abrahamitische Religion umgeschrieben. Salomo wird zum bedeutendsten König aller Zeiten, denn er hat den Tempel in Jerusalem erbaut. Damit wird Salomo zu einem großen Vorbild. Für die abrahamitische Religion ist es das Ziel und der Glaubensinhalt, den Tempel in Jerusalem zu bauen. Die Dichtung bearbeitet Salomo unter diesem Blickwinkel.

Der Niedergang der abrahamitischen Religion

Die Kriegszüge Alexanders des Großen verändern die Machtverhältnisse in Palästina. Der Gottesstaat der abrahamitischen Religion kann nicht mehr funktionieren, wenn die Regulierung der Lebensweise von fremder Gesetzgebung abhängt. In dieser Lage stellt sich das grundsätzliche Problem: Wie muss der Gottesstaat auf eine Fremdherrschaft reagieren? Verschiedene Lösungen werden gesucht. Sie führen zu einer religiösen Aufsplitterung. Aus dieser gehen am Ende Christentum und Judentum hervor. Der jüdische Geschichtsschreiber Josephus zählt die großen Religionsparteien auf: Sadduzäer, Pharisäer, Essener. Sie waren untereinander tief verfeindet. Ihre religiösen Programme waren so unterschiedlich wie die denkbaren Wege zur Fortführung eines Gottesstaates.

- Die Religionspartei der Sadduzäer zeichnete sich durch politischen Realismus aus. Die Sadduzäer waren bereit, eine Fremdherrschaft zu ertragen, solange der Tempelbetrieb reibungslos funktionieren konnte. Die Sadduzäer bildeten die gesellschaftliche Oberschicht von Jehuda. Sie waren weltoffen und profitierten von der griechischen Lebensart.

- Die Pharisäer verstanden sich als die konsequentesten Verfechter ihres Glaubens. Sie wollten für alle Bewohner des Landes ein Leben nach dem mosaischen Gesetz. Die Pharisäer waren strenggläubig und fremdenfeindlich. Aus ihrer Religionspartei wird das spätere rabbinische Judentum hervorgehen.

- Die Essener. Sie zogen sich aus der Welt zurück. Sie wollten in einer kleinen Gemeinschaft nach ihrer Vorstellung von Gerechtigkeit leben. Die Makkabäerbücher berichten von einer solchen Gruppe, den Chassidim. Diese verließen ihre Häuser und zogen in die Wüste. In der Gemeinschaft von Qumran am Toten Meer hat es sich um eine ähnliche Gruppe gehandelt. Es war eine Theokratie im Kleinen. Es war der Weg, der später zu Mönchtum und Klostergründungen führen wird.

- Die Makkabäer wählten den unmittelbaren Weg: Widerstand gegen die Besatzungsmacht. Er wird sich als die schlechteste Lösung erweisen. Gegen die griechischen Seleukiden mussten die Makkabäer Krieg geführt. Es waren verlustreiche Kämpfe. Der Weg der kriegerischen Auseinandersetzungen – zuletzt gegen die Römer – hat schließlich das Ende der abrahamitischen Religion im Jahre 70 n.Chr. herbeigeführt.

- Ein weiteres Religionsmodell wird durch Johannes den Täufer vertreten. Offensichtlich hat er auf eine theokratische Struktur verzichtet. Außer der Kulthandlung einer Reinigung durch die Taufe wissen wir nichts über seine Herkunft und Theologie. Das Neue Testament berichtet, dass Jesus von Nazareth ihn als bedeutend bezeichnet hat.

- Und schließlich beginnt in dieser religionsgeschichtlichen Umbruchphase das neue Selbstverständnis des Mannes aus Nazareth: Das Volk Gottes ist nicht an die Grenzen des abrahamitischen Gottesstaates gebunden. Sein neues Glaubensverständnis wird die abrahamitische Religion umbrechen.

Die abrahamitische Religion hatte in ihren Zersplitterungen bereits um das Jahr 100 v.Chr. ihre Substanz verloren. Die Theokratie war am Ende. Der Todesstoß kam von außen.

Geschichtlicher Teil
Das geschichtliche Umfeld vor dem Exil

Das Volk Gottes, von dem die Bibel erzählt, lebte im Land Kanaan in zwei Staaten. Israel hieß der Nordstaat, Juda der Südstaat. Beide Reiche fanden ein kriegerisches Ende. **Israel** mit seiner Hauptstadt Samaria wurde im Jahr 721 v.Chr. durch die Assyrer vernichtet. Einem Teil der Bevölkerung gelang es, nach dem Süden in den Staat Juda zu fliehen. Eine erhebliche Anzahl der Einwohner Israels wurde von den Siegern verschleppt und im assyrischen Staatsgebiet angesiedelt. Die Deportierten gingen im Völkergemisch Assyriens auf. Der babylonische König Nebukadnezar hat den Staat **Juda** mit seiner Hauptstadt Jerusalem im Jahr 597 v.Chr. erobert, weil dieser mit der feindlichen Großmacht Ägypten paktierte. In einer ersten Strafaktion wurde ein Teil der Bevölkerung nach Mesopotamien deportiert. Diese Maßnahme erwies sich als nicht ausreichend. Die Armee der Babylonier zog **587 v.Chr.** ein zweites Mal gegen Jerusalem. Die Stadt wurde verwüstet und der Staat Juda vernichtet. Die herrschende Oberschicht und ein Großteil der Bevölkerung wurden in die Gefangenschaft nach Babylon abtransportiert. Die Bibel macht unterschiedliche Angaben über die Zahl der Deportierten. Nach Jeremia 52,28 sind es 4.600 Judäer. Laut 2.Könige 24,12 sind es 10.000 Deportierte. Zu den Zahlen kommen jeweils die Familienangehörigen hinzu; denn gezählt wurden nur die Familienoberhäupter.

Das geschichtliche Umfeld nach dem Exil

Im Jahr 538 v.Chr. hatte der Perserkönig Kyros Babylon erobert. Damit begann ein neues Kapitel in der Geschichte des alten Orients. Der Perserkönig tolerierte die Eigenheiten der verschiedenen Völker in seinem Weltreich. Die deportierten Judäer konnten die Gunst der Stunde nutzen, um in das Land ihrer Vorfahren heimzukehren. Ein Neuanfang war mühsam und hat sich über einen längeren Zeitraum hingezogen. Von einer Proklamation des priesterlichen Gottesstaates in Jehuda/Jerusalem können wir erst unter Nehemia 445 v.Chr. sprechen. Von diesem Zeitpunkt an hatte der Gottesstaat ein reichliches Jahrhundert Zeit zu seiner Entfaltung. Wir erfahren aus der Bibel kaum etwas über das Gelingen oder Misslingen der gottesstaatlichen Wirklichkeit.

Dann überrollen die Truppen Alexanders des Großen in einem bis dahin nicht gekannten Siegeszug die Länder des Orients. Im Jahr 332 v.Chr. drang Alexander der Große in Jerusalem ein. Der frühe Tod Alexanders im Jahr 323 v.Chr. löste einen Nachfolgestreit aus. Das entstandene Riesenreich wurde aufgeteilt.

Der bedrohte Gottesstaat

Eine grundlegende Veränderung war eingetreten: Der Orient war griechisch geworden. Das war vordergründig eine Sache der Sprache. Griechisch wurde zur Umgangssprache in der damals bekannten Welt. Doch die Veränderung reichte viel tiefer. Wer mit der Zeit gehen und modern sein wollte, bediente sich nicht nur der Sprache der neuen Herrscher. Deren Lebensstil, deren Kultur und Philosophie übten eine große Anziehungskraft auf die Menschen der damaligen Zeit aus. Aus siegreichen Feinden wurden die Griechen zu einem glorreichen Vorbild für ein neues Lebensgefühl. Das führte zu tiefgreifenden kulturellen Umwälzungen.

Der Feind für den Gottesstaat kam nicht von außen. Das Bedrohliche war die Attraktivität des griechischen Lebensstils. Wer Schulbildung hatte, fühlte sich von der griechischen Philosophie, Literatur und Kunst angezogen. Herodot, den man als Vater der Geschichtsschreibung bezeichnet, war Grieche. Eine freie, auch in religiöser Hinsicht liberale Lebenseinstellung wurde chic. Die Enge der kasuistischen mosaischen Gesetzesregeln wurde von einem Teil der Bevölkerung als antiquiert empfunden. Diese Einstellung bedroht den Gottesstaat.

Ein besonderer Stein des Anstoßes am Hellenismus war für die gesetzestreuen Jerusalemer der Sport. Auch in Jerusalem entstanden Sporteinrichtungen. Mit dem Hellenismus kam ein alternativer Lebensstil ins Land. Die Gruppe der Chassidim, Traditionalisten, bliesen zum Widerstand gegen das Griechentum. Die Themenkreise Sport und Gesundheit im weitesten Sinne wurden als religionsfeindlich eingestuft und nicht etwa assimiliert.

Es kam zu einer Polarisierung der Gesellschaft: Die einen eiferten für den abrahamitischen Gottesstaat, die anderen passten sich dem internationalen Lebensstil des Hellenismus an. Die Gesellschaft wurde gespalten. Ein Teil übernahm die neue Zeit, der andere Teil beharrte am Alt-hergekommenen. Die aramäische Umgangssprache war bereits vom Griechisch verdrängt worden.

Um das Jahr 250 v.Chr. wurden die alttestamentlichen Schriften ins Griechische übersetzt. 70 Gelehrte aus Palästina haben diese Arbeit in 70 Tagen geschafft. Grund genug, diese Bibel „70" (Septuaginta) zu nennen. In so kurzer Zeit ein so umfangreiches Buch zu übersetzen, das ist eine gigantische Leistung. Kann man dieser Überlieferung des Aristeas glauben, dass das in 70 Tagen erledigt war? Von der Zeitdauer abgesehen, kann die Bedeutung dieser Übersetzung nicht hoch genug eingestuft werden. Sie gab erstmals der nichtjüdischen Welt Einblick in die heiligen Bücher der Juden.

Vorwegnehmend sei angemerkt, dass den späteren Christen diese Übersetzung als heilige Schrift gelten wird.

Griechentum und Gottesstaat

Das Jahr 218 v.Chr. bringt eine folgenschwere Entscheidung für Jerusalem. Nach einem Krieg zwischen Antiochien und Alexandria untersteht Palästina nicht mehr dem ptolemäischen König in Alexandria, sondern kommt unter die Herrschaft der Seleukiden in Syrien. Es kam zum offenen Konflikt mit der Jerusalemer Priesterschaft. Antiochus IV. Epiphanes marschierte kurzerhand in Jerusalem ein.

Er baute in Jerusalem eine Festung und stationierte dauerhaft eine Garnison, um Stärke zu demonstrieren. Der König glaubte mit einem Religionsverbot, ausgesprochen im Jahr 167 v.Chr., ein radikales Mittel in der Hand zu haben. Doch das war ein großer Irrtum. Mit dem Religionsverbot war der Konflikt auf die Spitze getrieben.

Jetzt musste der Gottesstaat dem Despoten die Zähne zeigen.

Die Makkabäer

Hier setzt die Berichterstattung der beiden Bücher der **Makkabäer** ein. Im Zeitraum von 167 bis 164 v.Chr. verstanden es die tapferen Makkabäer, jeweils kleinere Siege zu erringen. Dabei waren die Waffen der Feinde die wertvollste Beute, mit denen sie sich für weitere Kämpfe rüsteten. Der Makkabäer Judas, so lesen wir, steht mit nur 3.000 Mann einem seleukidischen Heer von 40.000 Mann und 7.000 Reitern gegenüber. Hohe Verluste erleiden nur die Besatzungstruppen, eigene Verluste verschweigt der Kriegsberichterstatter. Kriegspropaganda hat eine lange Tradition, hier ist sie gepaart mit orientalischer Fabulierfreude.

Ein weiteres gegnerisches Heer der Seleukiden zählt sogar 100.000 Mann zu Fuß und 20.000 Reiter. Da brauchte es besondere Heldentaten wie die eines Eleaser, der einem Kriegselefanten unter den Bauch kroch und diesen von unten tödlich verletzte. Der Held wurde vom sterbenden Elefanten erdrückt und fand gleich diesem den Tod.

Doch ein Krieg mit dem Rivalen in Persien zwang den Seleukidenkönig zum Abzug seines Heeres aus Juda.

Besonders sei darauf hingewiesen, dass anlässlich einer Wiedereinweihung des Tempels in Jerusalem im Jahr 164 v.Chr. lediglich von einem Räucheralter, einem Tisch für geweihte Brote und dem siebenarmigen Leuchter die Rede ist. Von etwaigen Engelsfiguren, den Keruben, des legendären salomonischen Tempels weiß der Berichterstatter nichts.

Der Kampf gegen die Römer und das Ende des Priesterstaates

Die Partei der Eiferer (Zeloten) kämpfte für eine Abschaffung der römischen Fremdherrschaft und wollte mit Waffengewalt die Unabhängigkeit des Gottesstaates erzwingen. Durch die Berichterstattung des jüdischen Historiker Josephus haben wir Kenntnis über diese Epoche.[17] Kaiser Nero schickte seinen Feldherrn Flavius Vespasian 66 n.Chr. nach Syrien. Jerusalem war schon eingekreist, als die Meldung über den Tod des Kaisers in Rom die Waffen zum Schweigen brachte.

Anstatt in Palästina Krieg zu führen, wollte Vespasian auf den Kaiserthron kommen. Er ließ sich in Ägypten zum römischen Kaiser ausrufen. Die Fortführung des judäischen Krieges übertrug er seinem Sohn Titus. Er selbst begab sich nach Rom, um die politischen Dinge zu ordnen und die Machtverhältnisse zu klären.

Im Frühjahr 70 n.Chr. eröffnet Titus den Angriff auf Jerusalem. Der Tempel geht in Flammen auf und die Stadt wird gründlich zerstört. Der Titusbogen in Rom zeugt bis heute von diesem historischen Sieg.

---

[17] Geschichtswerk des Josephus Bellum Judaicum

Das Ende des Jerusalemer Gottesstaates
beendet die abrahamitische Religion

Mit der letzten lang andauernden Eroberung der Festung Masada am Toten Meer endet die Kriegsberichterstattung des Josephus. Unter Kaiser Hadrian wird auf der Trümmerstätte von Jerusalem eine neue römische Stadt errichtet. Sie bekommt den Namen Aelia Capitolina. Der Name Jerusalem wird ausgelöscht. Den Juden wird bei Todesstrafe das Betreten des ehemaligen Jerusalem verboten. Die Römer errichten ein Jupiterheiligtum an der Stelle des herodianischen Tempels, ein Reiterstandbild des Kaisers Hadrian und einen Venustempel an der Stelle der späteren Grabeskirche. Die Römer selbst haben diesen Venustempel etwa zwei Jahrhunderte später wieder abgerissen und eine Kirche zur Erinnerung an die Auferstehung Jesu Christi errichtet. Das geschah, nachdem das Christentum unter Kaiser Konstantin Staatsreligion geworden war.

Aus dem Ende entsteht Neues - Umbruch der Religion

Hier endet die abrahamitische Religion. Das beginnende Judentum und das Christentum gehen unterschiedliche Wege. Beiden gemeinsam ist eine religiöse Intensität nach der Zerstörung Jerusalems im Jahre 70 n.Chr.

Die Entstehung der jüdischen Religion

Mit dem Ende der abrahamitischen Religion im Jahr 70 n.Chr. beginnt die Entwicklung der jüdischen Religion. Bis zum Jahr 135 n.Chr. hat das Judentum sein religiöses Profil mit dem Abschluss der Tora ausgebildet.

Die heiligen Bücher aus der Zeit des ersten Gottesstaates liegen in Schriftform vor (Tanach). Sie dürfen nicht mehr verändert werden. Wie so oft stellte sich auch damals die Tradition als etwas Hinderliches heraus. Neue Priester müssen neue Gesetze und Verordnungen erlassen können. Hier beginnt der Umbruch der Tradition, die das Judentum mit Mischna bezeichnet. Es ist das hebräische Wort für „Wiederholung."

Wie hatte doch einst Gott zu unseren Vorfahren geredet? Da gab es diese Ungereimtheit anlässlich der Offenbarung Gottes auf dem Sinai an Moses. War diese Offenbarung nun schriftlich oder mündlich erfolgt? Beides. Das hilft. Was im heiligen Buch des Tanach fest verankert ist, das ist nur die schriftliche Tora. Moses hat aber noch eine mündliche Tora von Gott erhalten. Und diese wurde von einer Priestergeneration zur nächsten weitergegeben. Diese mündliche Überlieferung wird in ihrer Bedeutsamkeit jetzt aktualisiert. Das ist die „Mischna". Die Weisungen Gottes werden aktualisiert. Der Lehrer trägt vor, der Schüler spricht es laut nach. Er wiederholt es.

Mit der Mischna entsteht das Judentum

Mit dem Beginn der Mischna erreicht die ehemalige abrahamitische Religion eine neue Qualität. Wir müssen von nun an von der **jüdischen Religion** sprechen. Gottes Wort kennt zwei Wege, die in Schriftform im Tanach (Altes Testament) und mündlich in der Mischna, dem priesterlichen Wort. Die Mischna reglementiert die jüdische Religion. Sie ist nicht auf Eindeutigkeit festgelegt, sondern stellt bewusst verschiedene Meinungen nebeneinander. Hier soll gerade Spielraum für Deutungen, Interpretationen und Anweisungen bleiben. Das schafft Freiheit für göttliches Wort.

Die Inhalte der frühen Mischna kennen wir nicht, waren sie doch rein mündlicher Natur. Erst seit diese wiederum schriftlich fixiert worden ist, können wir sie nachlesen. Religionsgeschichtlich gesehen wiederholt sich der gleiche Vorgang wie bei der Abfassung der Schriften der abrahamitischen Religion. Nach mündlicher Tradierung erfolgt eine schriftliche Fixierung.

Die jüdisch-theologische Entwicklung vollzieht sich in zwei geografisch getrennten Regionen: Babylon und Jehuda. Das babylonische Judentum war sehr aktiv in der Ausgestaltung der Religion. Die babylonischen Juden lebten unter anderen Bedingungen, als die jüdische Gemeinde in der Provinz Jehuda. Letztere bezeichnet das Judentum als 'Eretz Jisrael' (Land Israel). In Palästina gab es eine andere Mischna als in Babylon. Entsprechend liegt in Schriftform ein babylonischer und einen palästinischer Talmud vor. Im Jahr 220 n.Chr. wurde eine Endfassung der Mischna geschrieben.

Definition 'Judentum'

Bei der Abgrenzung des Judentums gegenüber dem Christentum folgen wir dem jüdischen Wissenschaftler Micha Brumlik:

„Das Judentum und das ist das rabbinische Judentum, so wie wir es heute kennen, ist nicht die Religion Abrahams, ist auch nicht die Religion der alten Israeliten oder der Judäer, wie es in der Bibel bezeugt wird, sondern die Religion der talmudischen Weisen, die zwischen dem zweiten und vierten Jahrhundert christlicher Zeitrechnung entstanden ist."[18]

Im weiteren führt Brumlik aus, Judentum und Christentum sind nicht wie Mutter und Tochter, sondern wie Geschwister zu sehen, die etwa zeitgleich entstanden sind, sich jedoch getrennt haben. Ein Streitpunkt wird immer bleiben, es geht um ein gemeinsames heiliges Buch (Tanach-Altes Testament), das unterschiedlich verstanden und interpretiert wird.

---

[18] Micha Brumlik, Die Zukunft der Muslime in Deutschland, S.37

Das Spezifische des Judentums

An die große Zeit des berühmten Esra mit seinen bedeutenden Engeln wollte man offensichtlich nicht mehr anknüpfen. Die Priesterclique war selbstbewusst genug, das Wort Gottes auch ohne Engel in eigener Regie zu verwalten.

Die Aufzeichnung der Mischna ist in 6 Sachgebiete gegliedert.

- Sera'im („Aussaat"): Abgaben an die Priester, soziale Bedürftigkeit, Umgang mit Fremden
- Mo'ed („Festzeiten"): Religiöse Feste und das Fasten
- Naschim („Frauen"): Das Familienrecht
- Nesikin („Schäden"): Das Strafrecht
- Kodaschim („Heiligtümer"): Die Speisevorschriften und Opferriten
- Tohorot („Reinigungen"): Die Reinheitsvorschriften

Aus den Themenkreisen ist ersichtlich: Hier wird das gesamte gesellschaftliche Leben unter religiösen Gesichtspunkten geregelt und priesterlich dominiert. Es ist die Fortführung der alten Idee vom Gottesstaat. Die Mischna kann den Alltag an geänderte Bedingungen anpassen. Die Reglementierung lebt.
Eine Unterscheidung zwischen Religion und allgemein-öffentlichem Leben ist dem Judentum fremd. Es gibt keine Kirchenbehörde. Kirche und Staat bilden eine Einheit. Das gesamte Leben ist unter religiösem Gesichtspunkt zu sehen. Jede Gemeinde regelt ihr religiöses Leben selbstständig.
Es ist gar nicht einfach zu sagen, in wieweit das Judentum eine übergreifende Glaubenslehre braucht. Der berühmte jüdische Gesetzeslehrer des Mittelalters, der in Cordoba geborene Maimonides, hatte eine solche Dogmenlehre des jüdischen Glaubens geschrieben. Doch hat die Geschichte des Judentums gezeigt, dass eine solche akademische Glaubenslehre nicht gebraucht wird. Der jüdische Glaube wird in der kleinsten Zelle gelebt. Die Familie ist die Keimzelle der jüdischen Tradition. Der jüdische Lebensstil wird von Generation zu Generation weitergegeben.

Jüdischer Glaube ist jüdisches Leben. Es realisiert sich im Feiern der jüdischen Feste und der Einhaltung von Speisevorschriften.

Die Zerstörung Jerusalems 587 v.Chr. mit dem anschließenden Exil hat zur Herausbildung der abrahamitischen Religion geführt. Die Zerstörung Jerusalems 70 n.Chr. durch die Römer führt das Ende dieser Religion herbei.
Die Juden dürfen Jerusalem nicht mehr betreten.
Jetzt stellt sich die Frage, wie der Gottesstaat zu retten ist. Der Zwang zur religiösen Veränderung kommt durch den Verlust der staatlichen Selbständigkeit zustande.
Dadurch konvertiert die bisherige abrahamitische Religion zum rabbinischen Judentum.

Die Anhänger des Judentums zerstreuen sich in die ganze Welt

In der Folgezeit zerstreut sich die judäische Bevölkerung in viele Länder. Religion muss auf den Gedanken des Gottesstaates verzichten. Jüdische Religion muss in fremden Ländern unter einem fremden Staat leben oder sie wird untergehen.
Dieser Spagat gelingt dem Judentum. Auch ohne staatliches Zusammenleben pflanzt sich die jüdische Religion fort. Religiöse Zellen entstehen in allen Ländern, in die Juden auswandern.
Die Verlagerung des jüdischen Glaubens in die individuelle Ebene der Familie garantiert den Fortbestand des Glaubens und führt zu einer weltweiten Verbreitung des Judentums.

Die Herausbildung des Christentums

Als Jesus von Nazareth die Weltbühne betrat, gab es noch kein Judentum. Es war die religionsgeschichtliche Epoche der abrahamitischen Religion.
Eine Rekonstruktion des Lebens des Jesus von Nazareth kann nicht an erster Stelle stehen. Das haben die Schreiber des Neuen Testaments auch erst später getan.

Johannes der Täufer und Jesus

Am Beginn des Christentums sind zwei Namen zu nennen: Johannes der Täufer und Jesus von Nazareth. Beide waren Wanderprediger, die Jünger um sich gesammelt hatten und eine nicht unbeträchtliche Schar von Anhängern besaßen. Jesus predigte im Gebiet des kleinen Fischerdorfes Kafernaum am Nordostufer des Sees Genezareth. Gleich hinter diesem Gebiet endete das Königreich des Herodes. Es war Grenzgebiet. Wenige Kilometer nordöstlich mündet der Jordan in den See Genezareth. Von hier Strom aufwärts hat Johannes gewirkt. Er hat getauft. Den Ursprung dieses religiösen Brauchs kennen wir nicht.

Eine Erklärung für dieses kultische Handeln kann sein, dass Johannes dem von ihm Getauften eine Schutzhülle anzieht. Sie könnte vor dem Feuer der ewigen Verdammnis schützen. Das erinnert an die Rettung der gläubigen Juden im Feuerofen des Nebukadnezar, denen Feuer nichts anhaben konnte.[19] Doch das ist nur eine Interpretation.

Der Ursprung der **Taufe** liegt im Dunkel der Geschichte.

Das Lehren dieser beiden Prediger Johannes und Jesus spielte sich an der Peripherie des Jerusalemer Gottesstaates ab. Das Jahr ihres Wirkens ist nicht sicher zu ermitteln, da wir erst aus den späteren Zeugnissen der urchristlichen Überlieferung davon Kenntnis haben. Das Wirken Jesu ist in die Zeit um das Jahr 35 n.Chr. herum zu datieren.

Das Nebeneinander der beiden geistbegabten Wanderprediger Jesus und Johannes der Täufer lässt historisch gesehen viele Fragen offen. Waren die beiden Männer, vom gleichen Engel gezeugt und somit verwandt, Freunde oder Rivalen? Der eine ein Schüler des anderen? Der biblische Berichterstatter hat den Anfang und das Ende dieser beiden Männer von der übernatürlichen Zeugung bis zum grauenvollen Tod in einem engen Zusammenhang gesehen. Jünger hatten beide um sich geschart. Doch wie eng war der Kontakt der beiden Gruppen? Zwei von den Jesusjüngern gehörten vormals zu den Jüngern des Johannes.[20] Der Täufer wird im Kerker des Königs Herodes

---

[19] Buch Daniel im Alten Testament
[20] Evangelium des Johannes 1, 29-34

enthauptet, als Lohn für den Tanz einer Prinzessin, so erzählt es die Legende. Die Jünger des Johannes meldeten dieses Ereignis Jesus. Wir erfahren von keiner Reaktion seitens Jesus.

Die Täuferbewegung hat zu einer eigenen Religionsbildung geführt, die sich im ersten Jahrhundert vom Ostjordanland aus über Syrien bis nach Mesopotamien ausgebreitet hat. Die Elkesaiten wurden zu einer eigenen Religionsgemeinschaft, später als 'Mandäer' bezeichnet. In ihrer Lehre mischen sich jüdische und christliche Elemente, besonders pflegen sie die Taufe als ein immer zu wiederholendes Reinigungsbad. Ihre Sprache war ein arabischer Dialekt. Und weil „sba" im Arabischen taufen heißt, nennt der Koran sie Sabäer, Sabier. Jesus wird in ihrer Religion als falscher Prophet bezeichnet.

Beide Prediger suchten nach Alternativen zu dem religiösen Machtanspruch der Jerusalemer Tempelführer. Den vorgefundenen Gottesstaat lehnten sie ab. Jesus sprach von einem Königreich Gottes. Ein Konflikt mit den Herrschern in Jerusalem brach erst zu dem Zeitpunkt auf, als Jesus selbst in Jerusalem erschien. Zunächst konnten die Herrschenden in diesem aus Galiläa dahergekommenen Nazarener keine Bedrohung sehen. Sie sahen in ihm nicht den verheißenen Messias.
Der wird als neuer König erwartet, der das Joch der römischen Fremdherrschaft abschütteln soll. Das jedenfalls ist der Inhalt einer alten prophetischen Erwartung an einen zweiten König David. An den Gottes-Sohn-Anspruch Jesu glaubte die Jerusalemer Kultgemeinde nicht.
Das Erscheinen Jesus in Jerusalem begann mit einem randalierenden Auftreten im Tempel. Seine Behauptung, Gottes Sohn zu sein, erregte Anstoß. Es kam schließlich zur Anklage. Die Hüter des Jerusalemer Gottesstaates stellten ihn vor das Synhedrin, das oberste Gericht unter dem Vorsitz des Hohepriesters, auch Hoher Rat genannt. Die Tatsache, dass Jesus sich hier als Messias bekannte, genügte, den gefährlichen Gotteslästerer zum Tode zu verurteilen.
Doch konnte der Hohe Rat dieses Urteil nicht vollstrecken. Das Recht zum Töten stand allein dem römischen Prokurator zu. Der

hieß Pontius Pilatus (26-36 n.Chr.) Obwohl den Römer der Religionsstreit der Judäer wenig interessierte, ließ er den Nazarener auf Druck der Straße hin durch römische Soldaten kreuzigen. Das war eine qualvolle, und zur damaligen Zeit nicht selten praktizierte Hinrichtungsart. Das Kreuz wurde mit einer Aufschrift versehen: Jesus Nazareth Rex Judorum (König der Juden). Damit sollte die Sache erledigt sein. Doch es kam anders.

Das Anwachsen der Jesus-Bewegung

Die Anhängerschaft Jesu in Jerusalem wuchs trotz Verfolgung. Josephus, der jüdische Geschichtsschreiber, berichtet z.b. von der Steinigung eines Jakobus, die Apostelgeschichte von der Steinigung eines Stephanus. Am spektakulärsten war der Sinneswandel des griechisch gebildeten Saulus. Sein Auftrag war es, die Christen zu verfolgen. Jedoch wechselte er die Seite. Mit neuem Namen, als Paulus, wurde er zum größten Wegbereiter des christlichen Glaubens.[21]

Lukas berichtet in seiner 'Apostelgeschichte' vom Werden der urchristlichen Gemeinde in Jerusalem. Mit der Pfingstpredigt des Petrus beginnt die christliche Kirche. Die Botschaft Jesu weist über die im Gottesstaat lebenden Menschen und damit über die jüdische Religion hinaus: Sie gilt allen Menschen.

Das trennt künftig die Gläubigen in zwei Lager. Die einen beziehen ihre Frömmigkeit aus den jüdischen Regeln (wie Beschneidung, Speisevorschriften, Feiertage) und bekennen sich zusätzlich zu Jesus Christus.

Die anderen Nichtjuden sind Getaufte, die sich ohne den Ballast jüdischer Vorschriften zu Jesus Christus bekennen. Ihnen gegenüber verlangen die Judenchristen die Einhaltung der Religionsmerkmale. Ihr könnt nicht Gläubige sein, wenn ihr nicht das Gesetz Moses befolgt.

Zwangsläufig entstand eine Kluft zwischen diesen beiden Gruppen, die in der theologischen Terminologie als 'Judenchristen' und 'Heidenchristen' bezeichnet werden. Der Dissens musste ausgeräumt werden. Dazu fand eine erste

---

[21] Gestorben nach 60 n.Chr. in Rom

Kirchenversammlung im Jahr 48 n.Chr. in dem noch nicht zerstörten Jerusalem statt.

Das Urchristentum

Es kommt zu einer wichtigen Entscheidung, die für die künftige Ausbreitung des Christentums als eine weltweite Kirche zukunftsweisend sein wird. Sie lautet:
Mit den mosaischen Gesetzesregeln kann es jeder halten wie er will. Diese sollen künftig kein Kriterium für den Glauben an Jesus Christus sein.
Damit war der Weg frei für die weitere Ausbreitung des Christentums. Es sollte ein Siegeszug durch das ganze römische Reich werden. Nach dem Jerusalemer Konzil starten Paulus, Barnabas, Timotheus u.a. zur Verkündigung der Botschaft von Jesus Christus zu ihren Missionsreisen.
Zum Zeitpunkt der römischen Belagerung von Jerusalem hatte die kleine urchristliche Gemeinde das Zentrum des Gottesstaates verlassen. Sie war auf die sichere Ostseite des Jordans in die Stadt Pella umgezogen. Der Ort liegt etwa in der Mitte zwischen dem See Genezareth und dem Toten Meer. Bei Ausgrabungen wurde die älteste christliche Kirche in Pella freigelegt.

Die Evangelien

Das Ende des Jerusalemer Gottesstaates mit der Zerstörung des Tempels im Jahr 70 n.Chr. verändert nicht nur das Judentum, sondern auch das junge Christentum.
Die Christusanhänger verlangen mehr aus dem Leben ihres Herrn zu erfahren. Man beginnt die Botschaft von und über Jesus Christus aufzuschreiben. Mehrere Biografen machen sich ans Werk. Evangelisten werden sie im Neuen Testament genannt.
Als ältestes Evangelium gilt das des **Markus**, das schon kurz nach der Zerstörung Jerusalems geschrieben wurde. Weitere zehn bis zwanzig Jahre später schrieben Matthäus und Lukas ihre Biografie. Der Evangelist Johannes wird in das Jahr 130 n.Chr. datiert. Zu dieser Zeit hatten sich das Judentum und das Christentum bereits als eigenständige Glaubensgemeinschaften

differenziert. Das Evangelium des Johannes thematisiert in seinen Streitgesprächen Jesus und die Juden.
Lukas weist zu Beginn seines Bericht darauf hin, dass er Zeitzeugen befragt hat, die den Nazarener noch gekannt haben.

Einige Teile der Evangelien, besonders die ersten drei, berichten z.T. mit gleichem Wortlaut. Das lässt darauf schließen, dass ihnen eine schriftliche Aufzeichnung von Jesu Reden als Vorlage zur Verfügung gestanden hat. Diese angenommene Vorlage bezeichnen die Bibelwissenschaftler als Spruchquelle 'Q'.
Gefunden hat man diese Vorlage bisher nicht, sodass diese Quelle eine literarische Hypothese darstellt.

Für den Verfasser eines Evangeliums muss es eine mühevolle Aufgabe gewesen sein, den Verlauf des Lebens Jesu zu rekonstruieren. Denn Jesu Tod lag schon Jahrzehnte zurück.
Der Bericht wird mit tradierten Erzählungen angereichert.
Deshalb ranken sich Legenden um Jesu Geburt.

Der Leser einer Biografie möchte etwas über die Geburt und die Herkunft des Herrn wissen.
Am ausführlichsten erzählt **Lukas** die Vorgeschichte der Geburt.
Er greift die Engelsvorstellung seiner Zeit auf. Ein Engel erscheint im Haus des Priesters, dem Vater von Johannes dem Täufer. Der Engel kündigt die Geburt eines Sohnes an, obwohl die Mutter Elisabeth keine Kinder bekommen kann.
Die Erinnerung an Abrahams Ehefrau Sara und ihre Begegnung mit dem Engel wird hier aus dem Alten Testament kopiert. Das ist eine gute Legitimierung für göttlichen Ursprung.
Ein halbes Jahr später erscheint der gleiche Engel Gabriel bei dem jungen Mädchen Maria. Auch sie wird schwanger und wird Mutter von Jesus.
Wem die Vorstellung einer überirdischen Zeugung verbunden mit der sexuellen Unberührtheit der Maria zu suspekt ist, der kann sich der Erzählung des vierten Evangelisten Johannes anschließen.

Der Evangelist **Johannes** lässt eine Geburtsgeschichte ganz unter den Tisch fallen. Das Thema der Zeugung durch einen

Engel war ihm zu heikel. Für Johannes ist Jesus erst im Erwachsenenalter zum Sohn Gottes geworden, und nicht von der Geburt her.

Als Johannes Jesus im Jordan tauft, tut sich der Himmel auf, und eine Stimme spricht 'dies ist mein Sohn'. Erst durch die Taufe wird Jesus von Nazareth zum Sohn Gottes, nicht vorher, nicht durch eine angenommene überirdische Zeugung und Geburt.

Und ein neues Symbol taucht bei dem Evangelisten Johannes auf. Der Geist Gottes kommt nicht als Engel, sondern in Gestalt einer Taube. Es bleibt viel Spielraum zur Interpretation der Symbolsprache im Evangelium des Johannes.

Jesus Geburtsort

Wurde Jesus nun in Bethlehem oder in Nazareth geboren?

Der Evangelist **Matthäus** schreibt für diejenigen Christen, die früher jüdischen Glaubens waren. Ihnen kann er nichts von einer Geburt in Nazareth erzählen. Der Messias muss in Bethlehem geboren sein, denn diese Ankündigung steht so im Alten Testament. Matthäus entwickelt gleich noch einen Stammbaum, der von Abraham über König David bis zu Jesus lückenlos die männliche Abstammung auflistet. Wer im jüdischen Glauben geboren ist, braucht einen Nachweis seiner Abstammung.

Matthäus verbindet die Geschichte von Jesus Geburt mit einer grausamen Story. Dem König Herodes wird von Sternendeutern die Geburt eines neuen Königs in Bethlehem gemeldet. Daraufhin gab Herodes kurzerhand den Befehl, alle Neugeborenen in Bethlehem zu töten. Genützt hatte es nichts. Auf Weisung eines Engels kann die heilige Familie gerade noch rechtzeitig bei Nacht nach Ägypten fliehen.

Mit solchen spannenden Dingen will Matthäus seine Leser von göttlichem Wirken überzeugen. Wie ein Moses im Alten Testament vor dem Kindermörder Pharao gerettet wurde, so erlebt das Jesuskind eine wunderbare Rettung vor den Nachstellungen des blutrünstigen Herodes.

Die andern Berichterstatter des Neuen Testaments wissen von diesen Begebenheiten im Zusammenhang mit der Geburt Jesu rein gar nichts.

In einem Lebensbericht liest man gern eine Erzählung aus der Kindheit. Es wäre auch heute keine leichte Aufgabe für einen Biografen, ein halbes Jahrhundert nach dem Ableben eines Menschen Material aus der Kindheit zusammenzutragen. Am liebsten würde er ein Foto seines kindlichen Protagonisten zur Einschulung mit der Zuckertüte in der Hand auffinden.

Als einziger erfüllt Lukas solches Interesse des Lesers an einer Begebenheit aus der Schulzeit. Die Rahmenhandlung ist eine Pilgerreise der Eltern Jesu zum Pessachfest nach Jerusalem. Jesus war als Zwölfjähriger drei Tage lang im Tempel bei den Gesetzeslehrern. Sein Wissen und seine klugen Fragen riefen Erstaunen bei den Schriftgelehrten hervor, so liest man. Es geht hier um Unterweisung in der jüdischen Religion. Diese Erzählung kennt nur Lukas. Woher mag er sie haben?

Reden – Vergleiche - Wunder

Die Evangelisten reichern ihren Bericht über das Leben Jesu an, indem sie **Reden** von Jesus einweben. Gespräche, die Jesus mit den unterschiedlichsten Menschen, geführt hat, geben ein Bild von seiner Botschaft. Unter den Reden nimmt die sogenannte 'Bergpredigt' eine besondere Stellung ein, die man als Kernpunkt der Andersartigkeit der christlichen Botschaft bezeichnet.

Eine andere literarische Gattung für die Überlieferung der Botschaft des Jesus ist das **Gleichnis**. Dessen Charakteristikum ist ein tiefer liegender Sinn, der hinter einem erzählten Bild steht. Wir nennen diese literarische Gattung eine Allegorie. Zu einem alltäglichen Ereignis wird ein Vergleich gezogen. Die Bildersprache ist geeignet für Interpretationen. Das Erzählte lässt sich unterschiedlich deuten. Ein Gleichnis eignet sich bis heute als Vorlage für eine Predigt. Aktualität lässt sich in andersartiger Zeit herstellen. Gleichnisse waren und sind Vorlagen für ungezählte Erzählungen und Predigten.

Weiterhin füllen die Evangelisten das Leben von Jesus mit Erzählungen über **Wunder** an.
Es ist für das Religionsverständnis der damaligen Zeit unerlässlich, die überirdische Qualität des Gottessohnes mit übernatürlichen Fähigkeiten zu belegen. Wenn Gott die Gesetzlichkeit der Natur geschaffen hat, dann ist er auch in der Lage, diese für sich selbst außer Kraft zu setzen – so ist die Vorstellung, die dahinter steht.
Wer ein Wunder vollbringen kann, legitimiert sich durch eine solche Tat, - über die man sich nur wundern kann - als von göttlicher Natur. Mit solcher Art Erzählung soll belegt werden:

Jesus ist der Sohn Gottes.

Wichtig: Ein Wunder darf nicht wiederholbar sein. Es handelt sich um eine Fähigkeit, die kein anderer hat. In dieser Weise ist derjenige, der ein Wunder vollbringen kann, einfach überirdisch. Es besteht kein Zweifel an seiner Göttlichkeit.

Einen Erklärung auf eine etwaige Frage „Wie kann denn so etwas sein?" verbietet sich bei einem Wunder von vornherein. Bei solcher Frage trifft naturwissenschaftlich geprägtes Verständnis heutiger Zeit auf eine religiöse Vorstellung vergangener Zeit. Auch das Prädikat 'unwahr' für eine Wunderheilung ist wenig hilfreich. Denn hierbei geht es um etwas Subjektives.
Eine persönliche Dynamik entfaltet sich zur Gestaltung der Zukunft und überwindet Einschränkungen. Der Vorgang ist als persönlich einmalig gedacht und kann nicht als übertragbare Therapiemethode für bestimmte Krankheiten angesehen werden. Bei Wundern handelt es sich um einen subjektiven Neuanfang.

Im Eifer des Sammelns von **Erzählungen**, die sich im Leben Jesu zugetragen haben, ist dem Evangelisten Lukas auch eine Story untergekommen, die wohl noch aus einem 500 Jahre älteren Rucksack[22] aus der Zeit der abrahamitischen Wanderung aus Babylon stammte. Es geht um die Erzählung von einem

---

[22] Jochen Rabast, Engel im Gepäck . Spuren zum Alten Testament
2009, ISBN 978-3-8372-0562-6
eins der wenigen Sachbücher zum Thema Engel

reichen Mann und dem armen Lazarus, der vor jenes Haustür um Speisereste bettelte.

Die dahinter liegende Vorstellung ist die, dass nach dem Tod jeder den Lohn für sein Leben bekommt. Der Reiche kommt in das Reich der Unterwelt. Dort muss er Hitzequalen erleiden. Das Feuer spielte in der Religion des Zarathustra eine große Rolle. Den armen Lazarus jedoch tragen Engel zu ihrem Himmelsherrn Abraham. Dort geht es ihm himmlisch. Beider Aufenthaltsort wird als direkte Folge des irdischen Lebens betrachtet.[23]

Der Evangelist Lukas korrigiert nicht, dass ihm hiermit ein Stück zoroastrischer Religiosität zugespielt wurde, ein Relikt aus der Zeit des babylonischen Exils.

Ein Vergleich der vier Berichte über das Leben Jesus zeigt viele Ungereimtheiten. Das ist nichts Nachteiliges. Die Evangelien wollen keine akribische historische Rekonstruktion sein. Die Evangelien sind ein literarisches und subjektives Werk ihrer Verfasser sind. Unterschiedliche Erzählungen haben die Ausbreitung des Christentums im römischen Weltreich jedenfalls nicht gestört.

Lessing übt Kritik an den Evangelien

Eine kritische Betrachtung kam in der Neuzeit von einem Vertreter der klassischen deutschen Literatur. Gotthold Ephraim Lessing wies im Jahr 1778 darauf hingewiesen, dass die Auferstehungsgeschichte nach der Darstellung der neutestamentlichen Evangelisten mit vielen Widersprüchen behaftet ist. Jesus Leichnam wird ohne Einbalsamierung in ein Leinentuch gewickelt.[24] Dann wird erzählt, Josef und Nikodemus salben ihn ein, bevor sie ihn in Leinen wickeln.[25] Oder sind es andere, die den Leib salben? Nach Lukas kaufen Frauen Spezereien zum Einsalben am Karfreitag, während das in der Erzählung des Markus erst am Samstag Abend stattfindet. Das Erzählte ist nicht stimmig. Oder eine weitere Ungereimtheit: Der Auferstandene fordert die Jünger auf, nach Galiläa zu gehen. Dort werden sie ihn sehen, so schreibt Matthäus.[26] Bei Lukas

---

[23] Lukas 16, 19-31
[24] Matthäus 27, 59
[25] Johannes 19,40
[26] Matthäus 28,10

hingegen sollen die Jünger in Jerusalem auf ein Wiedersehen warten.

Im Lukasevangelium ermuntert der Auferstandene die Seinen, ihn zu berühren. Nach Johannes sagt der Auferstandene zu Maria 'berühre mich nicht'.

Lessing formuliert den Widerspruch so: 'entweder hat Christus nach seiner Auferstehung einen fühlbaren körperlichen Körper oder einen unfühlbaren Scheinkörper gehabt.'[27] Lessing fordert den Widerspruch so stehen zu lassen, wie er ist. Es ist 'ehrwürdiger Purpur' von mehreren Evangelisten. 'Das Christentum war da, ehe Evangelisten und Apostel geschrieben hatten, es verlief eine geraume Zeit, ehe der erste von ihnen schrieb'.[28]

Ungereimtheiten in der Berichterstattung über das Leben Jesu erklären sich aus der Zeit der Niederschrift.

Die Verbreitung der Botschaft Jesus

Paulus reist ab dem Jahr 48 n.Chr. in das Gebiet der heutigen Länder Griechenland und Türkei. Dort verbreitet er das Evangelium von Jesus Christus. Bekehrte werden als Zeichen der Zugehörigkeit getauft, wie es Jesus selbst befohlen hatte.

In einem Brief an die Gemeinde in Rom schreibt Paulus: 'Durch die Taufe sind wir alle mit Jesus Christus verbunden'. Im ersten Brief an die Korinther formuliert er: 'Denn wir alle, Juden und Nichtjuden, Sklaven und Freie, sind in der Taufe durch denselben Geist zu einem Körper verbunden."

Die Taufe war gängige Praxis in der Missionsarbeit, um 'Heiden' zu Christen zu machen.

Die abrahamitische Religion und das Urchristentum

Das Urchristentum übernimmt den Anspruch, auserwähltes Volk Gottes zu sein, aus der abrahamitischen Religion. Die Anhänger

---

[27] Gotthold Ephraim Lessing, Eine Duplik
[28] Gotthold Ephraim Lessing, Axiomata 6

Jesu Christi sind 'als sein Volk auserwählt'. 'Gott hat euch ausgewählt, sein Volk zu sein...jetzt seid ihr das Volk Gottes.' Die erste Christenheit verstand sich als das heilige Volk Gottes. Die Leitung lag in den Händen der zwölf Jünger von Jesus. Man versammelte sich in Jerusalem. Die Mitglieder nannten sich 'die Heiligen', 'die Auserwählten','die Berufenen'. Der Gott der abrahamitischen Religion ist ihr Gott. Es ist christlicher Anspruch, die abrahamitische Religion fortzuführen, Das führt zu einem Konflikt mit der jüdischen Interpretation. In der Apostelgeschichte berichtet Lukas von massiven Feindlichkeiten. Als ein Stephanus von der Christengemeinde in einer öffentlichen Rede ausspricht, dass unser Gott der Gott Abrahams ist, wird er von den Juden getötet. Eine Steinigung war sein grausames Lebensende. Von der Rede des Stephanus fühlten sich die Mitgliedern des jüdischen Rats provoziert.

Es kann kein Zweifel daran bestehen, dass das Urchristentum die abrahamitische Religion ebenso übernommen hat wie das Judentum. Neu ist ein trinitarisches, dreifaches Gottesbild. Es besteht aus Gott Vater, Jesus Christus als Sohn Gottes, und heiligem Geist. Wenn die Einzigartigkeit des abrahamitischen Gottes durch einen Sohn Gottes erweitert wird, gibt es einen fundamentalen Konflikt mit dem Judentum. So etwas ist in jüdischen Augen Gotteslästerung. Die Tötung des Stephanus war unausweichliche Folge. Da kannte man keine Toleranz. Der Mord kennzeichnet das frühe Spannungsverhältnis zwischen Juden und Christen.

Der dreifache Gott des Christentums

Die jüdische und die christliche Religion sind zu Gegnern geworden, weil sie nicht das gleiche Gottesbild haben. Die abrahamitische Religion ist in unterschiedlicher Weise neu auferstanden.

Auf den Müll mit dem Alten Testament?

Das Judentum lehnt die christlichen Vorstellungen ab. An der Person Jesu scheiden sich die Geister. Für die Juden erscheint der Messias, der neue König David, erst in einer ferner Zukunft. Für die Christen ist der Messias in der Person des Jesus von Nazareth bereits gekommen. Die Einen lehnen den Glauben der Anderen ab. Die anfänglich kultische Gemeinschaft löst sich auf. Nun wird kontrovers diskutiert, welche Schriften für die Christen heilig sind?

Marcion

Hier nimmt *Marcion*, ein Mitglied der christlichen Gemeinde in Rom, eine sehr konsequente Haltung ein. Für ihn sind die Bücher des Alten Testaments das Gedankengut des Judentums. Für Christen sind die Schriften des Tanach Vergangenheit, einfach überholt, also weg damit. Auf Reisen durch das römische Reich propagierte er diesen seinen Standpunkt.

Die Bibel der Christen, die Marcion zusammenstellt, besteht aus zehn Briefen des Apostels Paulus und **nur einem** Evangelium. Er entschied sich für das Lukasevangelium. Mit nur einem Evangelium sind alle Ungereimtheiten in den Berichten über Jesu Leben verschwunden. Marcion hat einen Sinn für eine „Vermarktung der christlichen Lehre", wie wir heute zu sagen pflegen. Es geht ihm um Klarheit und Verständlichkeit.

Marcion sah in dem Gott des Alten Testaments den zürnenden Gott, der straft und vernichtet. Dieser Gott ist für das Leid und Unglück in der Welt verantwortlich.
Im Unterschied dazu ist Christus der Gott der Liebe. Er befreit die Menschen von der Herrschaft dieses Gesetzesgottes. Die Kirche von Jesus Christus bietet etwas völlig Neues.

Es gelingt Marcion allerdings nicht, seine Sicht zur Meinung des ganzen Christentums zu machen. In Kleinasien und vor allem in Palästina war die Zahl der Judenchristen stärker. Sie wollten auf die Vielfalt des Schriftgutes der abrahamitischen Religion nicht verzichten. Es kam zu einer ersten Spaltung der Christenheit.

Die Kirche Marcions

Im Jahre 144 n.Chr. gründete Marcion eine eigene Kirche. Sehr schnell bildeten sich marcionitische Gemeinden neben den bisherigen Christengemeinden. Besonders in Rom war die marcionitische Bewegung fest verankert.
Die Verbreitung der ersten marcionitischen Bibel trug viel zur Ausbreitung des Christentums im römischen Weltreich bei. Marcions Lehre blieb organisatorisch und theologisch noch bis in das 6. Jahrhunderte bestehen. Dann hat das inzwischen erstarkte Papsttum diese Konkurrenzorganisation ausgeschaltet.

So verwundert es auch nicht, dass die Schriften des Marcion nicht im Original erhalten sind. Sie wurden wegen ihres ketzerischen Charakters vernichtet. Marcions 'Antithesen' sind nur in Zitaten und Ausführungen seiner Gegner überliefert. Da sind Fehldeutungen einprogrammiert und gewollt.
Die Arbeit des Marcion führte im Judentum wie im Christentum zu einer Präzisierung der eigenen Glaubensvorstellungen. Die Abgrenzung zum Judentum wird härter. Hier wie dort bemüht man sich festzulegen, welche Schriften im Sinne der eigenen Religion als 'heilig' einzustufen sind.
Dieser Auswahlprozess der inzwischen zahlreichen Schriften ist als „Kanonisierung" in die Geschichte eingegangen. Er sollte zwei Jahrhunderte lang dauern.

Die Schriften der Christen

Im Laufe der Zeit werden immer mehr Briefe und Bücher geschrieben, die sich als christlich verstehen. Da stellt sich zwangsläufig die Frage, was ist im Sinne des Glaubens 'christlich', und was ist Irrglaube, Häresie, Ketzerei einzustufen.
Wer hat den wahren, heiligen Geist? Wer trennt Richtiges vom Falschen? Was ist der wahre christliche Glaube? Wo wird eine abweichende Lehre gepredigt?
Es muss zu einer Festlegung von Schriften kommen, die als heilige Schriften gelten sollen. Eine solche Zusammenstellung bezeichnet man als 'Kanon'.

Das Neue Testament ist abgeschlossen

Die Auswahl von Schriften wird durch einen Brief zum Osterfest 367 n.Chr. amtlich festgelegt. Dieser Brief stammt aus der Feder von Athanasius, dem Bischof von Alexandria. In diesem Brief werden alle Bücher des Neuen Testaments als biblisch-kanonisch, d.h. abschließend aufgelistet. Die Initiative kam aus der bedeutenden Stadt des Christentums in Ägypten. Hier wurden schon früher alle Schriften des Alten Testaments aus dem Hebräischen ins Griechische übersetzt.

Unter den Schriften des Neuen Testaments bleibt einzig die Zugehörigkeit der Offenbarung des Johannes umstritten. Dieses Buch mit der starken babylonischen Engelsprägung wurde erst spät als letztes Buch der Bibel hinzugefügt. Offenbar wurde der fremd-religiöse Anteil als störend empfunden.

Die Christenheit hat ihre Bibel - eine Zusammenstellung von Altem und Neuem Testament.
Die Juden legen ihre heiligen Schriften als 'Tanach' fest (identisch mit dem Altes Testament) .

Der Glaube entwickelt eine Struktur

Die Historiker bezeichnen den Zeitraum von der Kreuzigung und Auferstehung Jesu bis etwa um das Jahr 135 n.Chr. als die Zeit der urchristlichen Gemeinde. Dem neutestamentlichen Befund nach fanden die Erscheinungen des Auferstandenen sowohl in Jerusalem als auch im nördlicher gelegenen Galiläa statt. Das legt den Schluss nahe, dass die beiden ersten christlichen Gemeinden sowohl in Kafarnaum am See Genezareth als auch in Jerusalem entstanden sind.
Von diesen beiden Zentren des 'Urchristentums' aus verbreitete sich die christliche Botschaft.

Um das Jahr 100 n.Chr. war ein Bischof das Oberhaupt einer Lokalgemeinde. Der erste Timotheusbrief fordert, dass ein Bischof ein Mann mit untadeligem Lebenswandel sein muss. Im Laufe des 2.Jahrhunderts wurde der Presbyter oder Diakon Vorsteher der Gemeinde und 'Bischof' ein überregionaler Titel. Aufgabe eines Bischofs war das Besuchen der Gemeinden. Hier liegen die Wurzeln für einen Verwaltungsbezirk, eines späteren Bistums. Die Namen und Aufgaben von Ämtern sind bis heute in den christlichen Kirchen unterschiedlich belegt. Die Ämter entwickeln sich zu einer Rangordnung. Der Erzbischof (Metropolit, Patriarch) wird den Bischöfen übergeordnet. Die feierliche Einsetzung in ein Amt, die sogenannte Ordination, bildet sich heraus.

Mit dem Religionsedikt des Kaisers Konstantin im Jahr 313 n.Chr. wird das Christentum im gesamten Römischen Reich zunächst als gleichberechtigte Religion anerkannt. Im Jahr **380 n.Chr.** hat das Christentum einen Sieg erreicht: Kaiser Theodosius erklärt das Christentum zur Staatsreligion im römischen Reich.

Die Gemeinde von Rom, der Welthauptstadt, spielt seither eine herausragende Bedeutung. Ihr Bischof wird zu einem mächtigen Mann der Kirche. Wird er den Gedanken des Gottesstaates im Sinne der abrahamitischen Religion sich zu eigen machen, wieder auferstanden lassen?

Die Kirche beginnt

Der Bischof von Rom muss sich eine Legitimation zulegen, die der neuen Rolle als religiöse Welthauptstadt gerecht wird. Simon Petrus war früher Leiter der Jerusalemer Urgemeinde. Er war bereits im Kreis der zwölf Jünger Jesu so etwas wie eine Führungsfigur. Fataler Weise berichten die Schriften des Neuen Testaments nirgends etwas von einer Reise des Petrus nach Rom.

Die Apostelgeschichte berichtet über die Missiontätigkeit des Paulus in Rom. Sie hätte gewiss über die Anwesenheit des Petrus berichtet, wenn dieser denn in Rom gewirkt hätte. Hier muss das sich herausbildende römische Papsttum noch eine

Lücke schließen, damit die Nachfolge von Petrus zum Stuhl des Papstes führt.

Mit der Herausbildung von hierarchischen Strukturen und einer dogmatischen Vereinheitlichung endet das Urchristentum.
Es beginnt die frühe Kirche.

Ambrosius, der Bischof von Mailand schreibt 390 n.Chr. eine Darstellung der christlichen Ethik. Der christliche Glaube beginnt sich als Lehre darzustellen. 420 n.Chr. deklariert Augustin in seinem „Gottesstaat" den römischen Staat als den christlichen.
Der Gottesstaat der abrahamitischen Religion bietet eine gute Vorlage, die Macht für die christliche Religion auszubauen.
Wie lange wird man der Versuchung widerstehen können, die neue Religion als Macht im Staat einzusetzen?
Wer hat die größte Macht, der Papst oder der Kaiser?
Das wird der große Kampf des Mittelalters werden.

In den Prozess der weltweiten Ausbreitung des Christentums schleicht sich die Geburt eines dritten Kindes der abrahamitischen Religion ein: Der Islam.

Der Islam – Die neue Religion
Das geschichtliche Umfeld

Im Unterschied zur Religion des Zarathustra, dessen Quellen im Dunkel ferner Vergangenheit liegen, vollzieht sich die Geburt des Islam im vollen Licht der Geschichte. Die Spurensuche zum Islam führt uns in die Stadt Mekka in Arabien, etwa 80 km östlich der Küste des Roten Meeres. Die Stadt liegt an der wichtigen Handelsstraße von Indien nach Palästina und ist ein bedeutender Umschlagplatz. Mekka ist außerdem ein religiöses Zentrum für verschiedene arabische Kulte. Dazu hat gerade dieser Ort allen Grund.
Hier war in vorgeschichtlicher Zeit etwas vom Himmel gefallen. Und das in einer Zeit, als man den Einschlag eines Meteoriten noch nicht astronomisches Ereignis erklären konnte. Doch das religiöse Gespür der Menschen für etwas Außerirdisches ließ den „Schwarzen Stein", die Kaaba, zum Ort kultischer Verehrung werden, lange bevor Mohammed das Licht der Welt erblickte.

Die Person des Religionsstifters

Mohammed wurde im Jahr 570 n.Chr. in Mekka geboren. Die blühende Handelsstadt und der Wallfahrtsort brachten es mit sich, dass hier viele Pilger ihren religiösen Bräuchen nachgingen. Wie Mohammed später berichtete, widerte ihn der Kult der Beduinen an. Beachtung fand indes bei ihm, was jüdische und christliche Kaufleute aus den heiligen Schriften ihres Glaubens zu berichten wussten. Besonders der Glaube an nur einen einzigen Gott faszinierte ihn angesichts der Vielgötterei in seinem Umfeld.

Mit den Karawanen kamen jüdische Händler, die eine mehr oder weniger gute Kenntnis ihrer Religion hatten. Auch Anhänger des christlichen Glaubens wohnten in Mekka. Doch wie genau kannten sie ihre Religion, die seit mehr als zwei Jahrhunderten Staatsreligion im römischen Reich war?
Der Informationsstand des jungen Mohammed über die beiden großen Religionen war sehr lückenhaft und zufallsbestimmt. Es

waren für ihn auch nicht zwei Religionen, die es auseinander zu halten galt. Jesus Christus war für ihn ein Prophet Gottes wie andere frühere Propheten. Er war nicht der Begründer einer neuen Religion.

Die Erzählungen, die Mohammed hörte, waren Mitteilungen über den Glauben an den einzigen wahren Gott. Es machte keinen Unterschied, ob die Worte aus jüdischem oder christlichem Mund stammten.

Mohammed erfuhr etwas von Engeln, die bei Gott stehen und von einer Hölle mit Feuerqualen. Die Geschichten aus dem Alten und Neuen Testament bewegten den jungen Mann sehr. Die Erwartung einer besseren Zukunft, die Wiederkunft eines Messias, der Glaube an einen Erlöser beschäftigten ihn so intensiv, dass er eines Nachts eine Vision hatte. Der Erzengel Gabriel erschienen ihm. Die nächtlichen Visionen wiederholten sich in der darauf folgenden Zeit. 'Sprich mir nach, was ich dir offenbare', beschreibt Mohammed die Forderung seines himmlischen Lehrmeisters. Das laute Nachsprechen göttlichen Willens ist unschwer als Methode der Mischna im rabbinischen Judentum zu erkennen.

Am Ende der Erleuchtungen versteht sich Mohammed als Prophet Allahs, des einzigen wahren Gottes.

Eine Bewegung entsteht

Als erster Anhänger glaubt seine spätere Frau Chadidscha an den Propheten. Er ist in ihrem Geschäft im Karawanenhandel tätig. Als 40-jährige Witwe heiratet Chadidscha den 25-jährigen Propheten Allahs.

Der zweite Anhänger wird ein Tuchhändler, Abu Bekr. Er wird später, nach Mohammeds Tod, erster Kalif. Als Fünfzigjähriger heiratet Mohammed die 12-jährige Tochter Aischa dieses Freundes Abu Bekr.

Es ist ein erstaunliches religionsgeschichtliches Phänomen, dass die religiöse Bewegung um den Propheten Allahs so schnell eine größere Anhängerschaft gefunden hat.

Mohammed hat sich aber auch viele Pilger zu Feinden gemacht, die zur Anbetung irgendeines Gottes zur Kaaba kamen. Seine religiöse Unduldsamkeit gegenüber aller Vielgötterei führte zu tumultartigen Zuständen in Mekka. Im Jahr 622 n.Chr. musste Mohammed aus Mekka fliehen. Von ihm wurde diese Vertreibung, **Hedschra** („Auswanderung"), nicht als Schmach empfunden, sondern religiös überhöht dargestellt.

Zum Glück hat er in der nördlich gelegenen Stadt Jathrib viele Anhänger, die ihn begeistert aufnehmen. Die Stadt wird später in El Medinet en Nabbi umbenannt („Stadt des Propheten"), und hat in der Kurzform Medina Berühmtheit erlangt.

Mit der Jahreszahl 622 n.Chr. beginnt die islamische Zeitrechnung. Sie ist ebenso Wende der Zeit, und will damit zugleich den Anspruch des Christentums korrigieren.
In Medina wird Mohammed heimisch. Von seinen Anhängern gefeiert, baut er eine Moschee. Den Verlust seiner Heimatstadt Mekka kann er jedoch nicht überwinden. Es ist der Ort seiner heiligen Offenbarung. Im Neuen Testament wird Jesus das Wort in den Mund gelegt 'Der Prophet gilt nichts in seiner Heimat.' Es muss Mohammed schmerzen, wenn ein Handelsreisender dieses den Christen bekannte Wort zitiert.

Mohammed rüstet zum bewaffneten Kampf gegen Mekka. Im Jahr 630 n.Chr. betritt er das besiegte Mekka. Nach anderer Überlieferung verlief die Einnahme Mekkas als unmilitärische Besetzung. Als erstes zerstört Mohammed die Götzenbilder und Altäre rund um die Kaaba. Der 'Schwarze Stein' wird von ihm zum Heiligtum erklärt mit dem Ziel einer religiösen und nationalen Einigung aller Araber. Heute ist Nicht-Muslimen das Betreten der heiligen Stadt Mekka streng verboten.

Der Sieg über Mekka ließ Mohammed Pläne schmieden, sogar Byzanz zu erobern, die auf dem Landweg erreichbare Hochburg der Christen. Dazu kam es nicht mehr. Durch eine Malaria schied der Prophet Gottes aus dem Leben.
Dem Siegeszug der neuen Religion konnte der Tod Mohammeds im Jahr 632 n.Chr. allerdings keinen Abbruch tun. Rasend schnell verbreiteten Mohammeds Armeen die neue Lehre von Arabien aus in westlicher Richtung über ganz Nordafrika. Von dort sprang

der Islam später auf die iberische Halbinsel über. In östlicher Richtung wurde das ehemalige Weltreich Alexanders bis Iran, Afghanistan und das heutige Pakistan islamisiert. Die nördliche Ausbreitung reichte über Palästina bis zur Türkei und dem Kaukasus. Gleich nach Mohammeds Tod brachen die Reiterscharen des Islam auf. Sie brauchten gerade mal 20 Jahre, um das riesige persische Königreich zu erobern und zu bekehren. Das alte abrahamitische Ideal vom Gottesstaat war ein Jahrtausend später auf ganz neue Weise als islamischer Gottesstaat zur Realität geworden.

Der Koran bezeichnet den Islam als die Religion Abrahams.

Beten – Geben – Ramadan - Haddsch
Die religiösen Inhalte

Die bei Mohammed angelangten religiösen Teilbereiche eines komplizierten dogmatischen Systems im Judentum und Christentum hat er auf einfachste Art und Weise als Säulen seines Gottesglaubens zusammen gestellt. Man kann sie an den Fingern einer Hand abzählen.

Die fünf Forderungen an den Gläubigen sind:
  (1) Monotheismus
  (2) tägliches Gebet
  (3) Almosen für Bedürftige
  (4) Feier des Ramadan
  (5) die Haddsch

zu 1) Es gibt nur einen Gott. Diese religiöse Grundaussage des Judentums und Christentums übernimmt Mohammed ohne Einschränkung. Er selbst versteht sich als Gottes Prophet. Das Judentum kennt nur die Propheten der Vergangenheit. Neue Propheten braucht es nicht mehr, denn die Priester verwalten das Wort Gottes. Der einzige Gott Allah des Islam ist der einzige Gott des Judentums, wie des Christentums. Die inhaltlichen Füllungen sind zwar nicht gleich, jedoch der Anspruch, dass es nur einen Gott gibt.

Das Glaubensbekenntnis des Islam besteht aus dem einen Satz:

la ilaha illa-llah muhammad rasulu-llah.
(Es gibt nur einen Gott und Mohammed ist sein Prophet).
Dieses Bekenntnis gilt sogar über das Leben hinaus. Dem Verstorbenen spricht man die Glaubenssätze noch auf dem Todeslager zu, damit er im Jenseits die richtigen Antworten weiß:

Wer ist Gott? Allah .
Deine Religion? Der Islam.
Wer ist der Prophet? Mohammed.
Die Zeit war eine Zeit des Analphabetentums. Ein so einfaches Glaubensbekenntnis war für jedermann zu begreifen. Das Wort des Propheten sagt dem Gläubigen was als Wort Gottes gilt.
Der Name der Religion **„Islam"** bedeutet Unterwerfung.
Ein **„Moslem"** ist derjenige, der sich unterwirft.

Zu 2) Eine Religion muss jeden Tag aktiv sein, im Gebet. Der Gläubige muss nicht nur einmal, sondern täglich fünf mal mit Blick auf das Heiligtum in Mekka seinen Glauben bekennen. Der Gebetsblick des gläubigen Juden in Richtung Jerusalem war Mohammed vertraut. Er brauchte für seine Gläubigen nur die Himmelsrichtung zu ändern : Mekka.

Zu 3) Zu Mohammeds Zeit war Arabien ein bitterarmes Land. Eine gerechtere Verteilung des Reichtums wird zur religiösen Chefsache. Das Gedankengut liefert Johannes der Täufer. Seiner Predigt entstammt der Satz: 'Wer zwei Hemden hat, soll dem eins geben, der keines hat. Und wer etwas zu essen hat, soll es mit anderen teilen' Im Orient hatte Armut eine große Bedeutung. Nach Allahs Willen ist es Gottes Gebot, dem Armen etwas abzugeben ('Almosen'). In der Bildersprache des Koran gleicht dieses Handeln einem Samenkorn, das sieben Ähren treibt und in jeder Ähre 100 Körner hat.

Zu 4) Im jüdisch-christlichen Brauchtum kennt man das Fasten. Der Islam übernimmt es und weitet es zum Fastenmonat Ramadan aus. Das Fasten gilt den ganzen Tag über. Es beginnt, wenn 'in der Morgendämmerung der weiße Faden vom schwarzen zu unterscheiden ist' und dauert von da an bis zum Einbruch der Nacht. Für viele Moslems ist die Einhaltung des

Fastens diejenige Forderung, die sie am gewissenhaftesten erfüllen. Wenn der Monat Ramadan vorbei ist, wird das 'Fest des Fastenbrechens' ausgiebig gefeiert. Man macht sich gegenseitig Geschenke, isst und trinkt üppig.

Ein spezielles Speiseverbot wurde aus dem Judentum übernommen: Schweinefleisch zu essen, ist auch dem Moslem untersagt.

Zu 5) Der Haddsch ist das große Ziel im Leben eines Moslems. Einmal im Leben soll man die Wallfahrt nach Mekka machen. In Zeiten der großen Zunahme der Erdbevölkerung, besonders auch in der islamischen Welt, erwächst daraus ein organisatorisches Problem. Das Gedränge bei der Umrundung des 'Schwarzen Steins' fordert alljährlich Todesopfer. Nicht-Moslems gelten als unrein und dürfen nicht an der Haddsch teilnehmen. Dieses große touristische Ziel der Haddsch eint die Moslems wie eine Familie. Das Land der Herkunft spielt keine Rolle. Alle tragen das gleiche weiße Gewand ohne Saum, es ist kein Unterschied zwischen Mann und Frau, es gibt keine Schranke von Rasse oder Nationalität.

Durch den Haddsch entsteht eine große Glaubensgemeinschaft.

Der KORAN

Das heilige Buch des Islam besteht aus 114 Suren (Kapitel). Sie sind in arabischer Sprache verfasst und von Gott an Mohammed übergeben. Jedes Wort ist heilig. In den Schulen und Moscheen wird täglich aus dem Koran vorgelesen. Koran heißt wörtlich „Lesung". Die Anordnung der einzelnen Suren im Koran folgt formalen Gesichtspunkten. Die Reihenfolge richtet sich nach der Länge. Die längste Sure steht an erster Stelle.

Die erste und längste Sure gilt der Anrufung Allahs. Danach ist jeder Sure der Zusatz vorangestellt, 'Im Namen Allahs, des Gnädigen und Barmherzigen'.

Der Koran wurde kurze Zeit nach Mohammeds Tod das heilige Buch des Islam.

Im Koran kommen die zehn Gebote der christlichen Religion zwar nicht vor. Doch in Sure 6 gibt es eine Aufzählung von

Verhaltensregeln: Zu den Eltern gut sein, Kinder nicht wegen Verarmung töten, keine abscheulichen Handlungen tun, das Vermögen der Waisen nicht antasten, eine Aussage wahrheitsgemäß machen. Die Anlehnung an den abrahamitischen Dekalog ist jedoch unverkennbar.

Der heilige Krieg

In der zweiten Sure hat Mohammed seinen Anhängern die Gebote des heiligen Kriegs gegeben. Hier finden sich die Grundlagen, die die Armeen des Islams siegreich vordringen ließen: Kämpfer für Allahs Sache gegen die, die euch bekämpfen. Tötet sie, wo immer ihr sie trefft! Vertreibt sie! Das ist die Vergeltung für die Ungläubigen. Bekämpft sie bis die Verfolgung aufgehört hat und der Glaube an Gott frei ist! Allah ist mit denen, die ihn fürchten. Das verspricht der Koran.
Auf dieser Forderung basierte der unglaubliche militärische Erfolg der arabischen Reiterscharen in frühen Jahrhunderten. Nötig ist der Einsatz von Waffen, um die eigene Religion ungehindert ausüben zu können.

Der Felsendom in Jerusalem
Mohammed verändert die biblische Erzählungen von Abrahams Opferung seines Sohnes Isaak. In der Version des Koran ist es Ismael, der auf den Opferstein soll. Ismael ist Abrahams Sohn, den er mit seiner Magd gezeugt hat. Der Überlieferung nach ist die Stätte dieser Opferhandlung der Felsen in Jerusalem, über dem sich heute der Felsendom wölbt. Und es gibt weitere Gründe, die den Felsen zum Heiligtum machen. Salomo soll an dieser Stelle seinen prächtigen Tempel errichtet haben. Jesus Christus ist von hier aus in den Himmel gefahren. Mohammed fuhr ebenfalls von hier aus hinauf. Der Fußabdruck ist noch heute im Felsen zu sehen. Diesen heiligen Ort für die eigene Religion zu beanspruchen, war eines der ersten Ziele kriegerischer Eroberungen des Islam. Im Jahr 691 n.Chr. wurde der Felsendom in Jerusalem als erstes islamisches Bauwerk fertiggestellt.

Die islamische Religionsspaltung

Mit Mohammeds Tod stellt sich die Frage nach einem Nachfolger. Der Freund Abu Bekr trat als erster Kalif das oberste Amt des Islam an. Allerdings hat Mohammed eine Tochter Fatima, die Ali ibn Abi Talib, geheiratet hat. Von dieser Seite kommen Thronansprüche, die bis heute als Konflikt zwischen den beiden großen islamischen Religionsparteien fortbestehen.

Die **Schiiten** halten daran fest, dass ein Kalif ein direkter Nachfahre des großen Propheten in leiblicher Abstammung sein muss. Deshalb muss das Erbe des Propheten Fatimas Sohn Hussein zustehen. Doch leider starb der vorzeitig auf dem Schlachtfeld.

Die **Sunniten**, die heute den überwältigenden Anteil der Moslems ausmachen, vertreten den Standpunkt, dass der Kalif wählbar sein muss. Diese Forderung kann zu einer Erneuerung das Kalifats beitragen.

Das goldene Zeitalter
des islamischen Religionsstaates

Nach Abschluss der Eroberungen regiert der Kalif ein riesiges Reich. Nach Mekka und Damaskus wird 762 n.Chr. Bagdad die dritte Hauptstadt des Religionsstaates. Das Reich Allahs entwickelt eine eigene Kultur auf hoher Blüte. Die Vorläufer der heutigen Naturwissenschaften entwickeln sich. Islamische Baumeister schaffen große Werke zwischen Cordoba, Kairo und Isfahan. Die Märchen aus 'Tausendundeiner Nacht' entstehen. Die Religion des Islam ist in ihr goldenes Zeitalter eingetreten, der islamische Gottesstaat steht in voller Blüte.

Der Gedanke eines Gottesstaates ist nach einem Jahrtausend wieder dahin zurück gekehrt, wo er seinen Ausgang genommen hat. Der Gottesstaat kehrt nach Mesopotamien zurück .

Grafische Darstellung der Religionsentwicklung

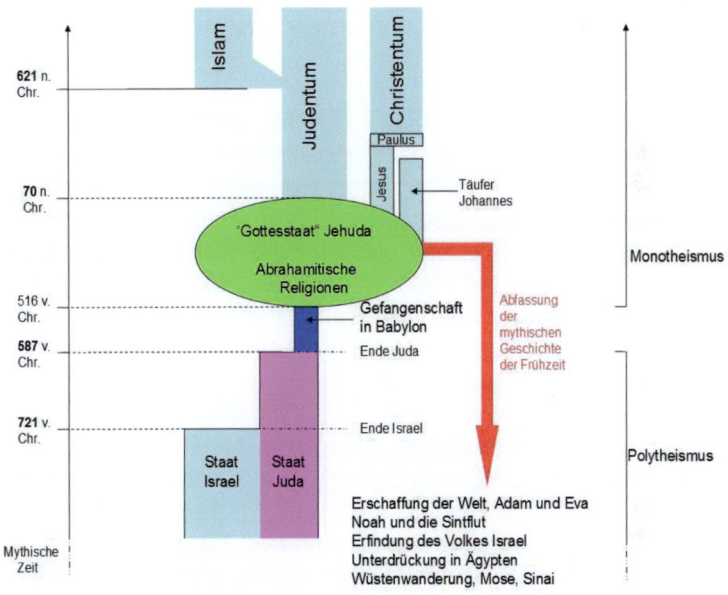

Die Religionen im Nebeneinander

Das Ziel des Buches war es, den Beginn der drei großen Weltreligionen darzustellen. Ihre jeweilige Entstehung ist keine Neuschöpfung, sondern eine Umgestaltung, ein Umbruch des frühen Monotheismus der abrahamitischen Religion. Die Absicht des Buches begrenzt den Zeitabschnitt, der hier zur Darstellung gekommen ist. Für die Folgezeit bis in unsere Tage hinein wäre das Nebeneinader, das überwiegend ein Gegeneinander war, darzustellen – eine Mammutaufgabe für die Religionsgeschichte!

Die wenigsten Menschen betrachten ihre eigene Religion auf den Unterschied hin zu anderen. Im Normalfall sind sie nicht aus freien Stücken einer Religion beigetreten, sondern durch ihre Eltern in irgendeine Religion hinein geboren. Sich für eine andere Religion zu entscheiden, setzt einmal deren Kenntnis voraus. Zum andern muss man sich von deren Ausstrahlung in den Bann ziehen lassen.

Wie die Geschichte gezeigt hat,- vorwiegend bei der Verbreitung des Islam-, brachten kriegerische Ereignisse eine Religion in ein anderes Land, die dann dort dominierend wurde. Ein Nebeneinader der drei hier betrachteten Religionen gab es im frühmittelalterlichen Spanien. Nach dem Sieg der islamischen Mauren über die christlichen Westgoten stießen im Jahr 711 n.Chr. in Südspanien diese drei Religionen aufeinander. Das ließ bei den Gläubigen der damaligen Zeit die Frage aufkommen, welcher Gott ist wohl der richtige?

Lessings Allegorie der Ringe

In die Zeit der Kreuzzüge verlegt Lessing in seinem Bühnenstück 'Nathan der Weise' die Frage nach der wahren Religion. Judentum, Christentum und Islam werden in der 'Ringparabel' als Söhne dargestellt, die ihr Erbe antreten wollen. Das Erbstück ist ein einziger Ring, einmalig und echt. Er wurde seit Generationen vererbt. Weil der Vater nun aber drei Söhne hat, lässt er von dem echten Ring zwei Kopien anfertigen. Sie waren so perfekt, dass die drei Ringe nicht mehr zu unterscheiden waren.

Die Frage nach der wahren Religion ist als die nach dem echten Ring gegeben. Diese aber lässt sich nicht mehr beantworten.

Die Frage nach der Wahrheit einer Religion ist heute aus dem Blickfeld gekommen. Sie erscheint als zu philosophisch. Strukturen der Organisation, Mitgliederschwund, der Reiz des Exotischen oder Angst vor Überfremdung sind heutige Kriterien für Religionen. Oder sie werden insgesamt als bedeutungslos ignoriert.

Die globalisierte Welt unserer Tage bringt es mit sich, dass Religionen friedlich und nicht auf kriegerische Weise in ein anderes Land kommen. Wirtschaft und Verkehr, Umzug von Arbeitskräften, Weggang in eine andere Stadt aus vielerlei Anlass u.v.a.m. lassen Angehörige verschiedener Religionen zu Nachbarn werden. Könnte das zu einer Annäherung der Religionen führen?

Exklusivität der Zeitrechnung

Die Abgrenzung der Religionen gegeneinander zeigt sich an der jeweiligen exklusiven Zeitrechnung. Leben wir in einer von Religionsstiftern abhängigen oder in einer gemeinsamen Zeit?

2015	Christliche Zeitrechnung
1436	Islamische Zeitrechnung
5775	Jüdische Zeitrechnung

Jeweilige Umrechnungsprogramme finden sich im Internet

Das Kommen des Messias (Gesalbter, Christos) war für das *Christentum* so bedeutsam, dass man eine neue Zählung der Jahre begonnen hat. Diese Zählung wurde im Jahr 532 nach Christus durch den Mönch Dionysius Exiguus eingeführt.
Eine Abgrenzung war zweifellos der Sinn und Hintergrund.

Wurden im Urchristentum das Osterfest und das jüdische Pessachfest zeitgleich gefeiert, so wollte man sich davon abkoppeln. Der Papst hatte an Dionysius den Auftrag erteilt, die Termine für Ostern auf Jahrzehnte im Voraus zu berechnen.
Im Vollzug dieses Auftrags und für die zurückliegende Zeit zählte der Mönch die Zeitrechnung ab dem Jahr Eins mit Christi Geburt.
Eine Zahl Null kannte man in jener Zeit noch nicht.
Alle folgenden Jahre werden als 'nach Christus' gezählt.
Das Abendland hat diese Zeitrechnung übernommen.

Zwar lässt sich nach den Angaben der Evangelien kein exaktes Geburtsjahr errechnen. Doch niemand hat sich daran gestört.

An der Einführung einer neuen Zeitrechnung erkennt man die Dominanz der christlichen Religion. Die bisherige römische Jahreszählung wurde aufgegeben - sie war ja heidnischen Ursprungs. Sie beruhte auf der Annahme, dass Rom im Jahr 753 v.Chr. durch Romulus gegründet worden war.

Auch das *Judentum* hat sich eine eigene Zeitrechnung zugelegt. Man hat aus den Genealogien (Toledot) und zeitlichen Angaben in den Mosesbüchern das Jahr der Erschaffung der Welt errechnet. Diese Jahreszahl liegt 3761 Jahre vor dem christlichen Jahr eins. Mit ihr wird die Epoche der abrahamitischen Religion der jüdischen Geschichte zugeschlagen.
Christliche und jüdische Zeitrechnung grenzen sich bewusst ab.

Der *Islam* schließlich wollte seinen monotheistischen Vorbildern nicht nachstehen. Auch er führte eine eigene Zeitrechnung ein. Diese begann mit dem Jahr 622 n.Chr., dem Jahr der Hedschra.

Die abrahamitischen Weltreligionen hatten ihrerseits ein Vorbild aus anderen Religionen. Die asiatische Welt begann mit dem Tod Buddhas im Jahr 483 (oder 544) v.Chr. die Jahre neu zu zählen.

Da drängt sich die Frage auf, in welcher Zeit leben wir eigentlich? Folgt das Zeitalter weltweiter Globalisierung einer religionsabhängige Zeitrechnung?
Doch wie ließe sich eine Kalenderreform umsetzen? Das könnte nur eine über-religöse, weltweit anerkannte Institution schaffen.
Würden die Religionen so etwas zulassen?
Eine gemeinsame Zeitrechnung ist ferne Zukunft!

Keine Annäherung in Sicht

Welche Chancen haben Gespräche zwischen den Religionen? Es gibt sie. Doch sind Ergebnisse überhaupt denkbar?

Fakt ist: In den Kernbereichen der Religionen bestehen keine Gemeinsamkeiten.

⭐ Es gibt kein gemeinsames heiliges Buch
⭐ Sie haben keinen gleichen Gottesbegriff.

- *Aus der Sicht des Judentums*: Wer an Jesus als den Gottessohn und Messias glaubt, ist definitiv kein Jude. Wer nicht an Jesus als den Gottessohn und Messias glaubt, ist kein Christ. Der Stammvater der Juden ist Jakob, dessen zwölf Söhne die zwölf Stämme Israels begründen. Abraham ist zwar der Vorfahre Jakobs, aber nicht mehr. Basis des Judentums sind Tora und Mischna, das Gesetz Jahwes.

- *Aus der Sicht des Christentums:* Jesus Christus als Sohn Gottes ist die Grundlage des Glaubens. *Das Judentum kann Jesus von Nazareth nicht als Messias anerkennen. Der Islam kann Jesus Christus nicht als Gott anerkennen. Juden wie Muslime halten die Lehre von der Dreieinigkeit Gottes für Polytheismus.*

- Aus der Sicht des Islam: Der Islam versteht die christliche Trinität als Polytheismus und nicht als Monotheismus. Der Abraham des Koran (Ibrahim) ist ein Prophet in einer Reihe, die mit Mohammed ihren Schlusspunkt findet. Abraham ist der erste Muslim.
Er ist der erste Hanif, ein monotheistisch Glaubender (Sure 2,135; 3,67; 16,120).
Der Glaube Abrahams ist der Islam.

Angesichts der unterschiedlichen Gottesvorstellungen kommt man im Kern auf keinen gemeinsamen Nenner. Verständigung kann sich nur auf nebensächliche Themen beschränken. Im Bereich der Lehre und Dogmen sind die Chancen für eine Annäherung der drei großen monotheistischen Weltreligionen gleich Null.
Wahrlich keine guten Aussichten für die Zukunft!

Das Bild auf dem Einband
zeigt den Felsendom in Jerusalem.

Das so genannte Gebäude ist weder Dom, noch Kirche, noch Moschee, sondern ein Schrein, der 691 gebaut wurde.
Es ist das älteste Bauwerk des Islam.
Im Innern des Gebäudes befindet sich ein großer Felsen, auf dem nach islamischer Tradition Abrahams Sohn Ismael geopfert werden sollte;
nach christlicher Tradition war es Abrahams Sohn Isaak.
Von diesem Felsen ist der Überlieferung nach der Prophet Mohammed in den Himmel aufgefahren. Fußähnliche Abdrücke im Felsen werden als Abfahrtsstelle ausgegeben.
Es gibt eine Tradition nach der auch Jesus Christus von hier aus in den Himmel aufgefahren ist.
Auch für die Juden ist der Tempelplatz ein heiliger Ort.

Anmerkung
Auf dem Buchcover der ersten beiden Ausgaben
war das Bild von Abraham mit der Opferung Isaaks
von dem Maler Julis Schnorr von Carolsfeld (1794-1872)
aus der 'Bibel in Bildern' abgebildet.